CARISMA

CÓMO LOGRAR
'ESA MAGIA ESPECIAL'

MARCIA GRAD

CARISMA

CÓMO LOGRAR
"ESA MAGIA ESPECIAL"

— Prólogo de Melvin Powers —

EDICIONES OBELISCO

Si este libro le ha interesado y desea que le mantengamos informado
de nuestras publicaciones, escríbanos indicándonos qué temas son
de su interés (Astrología, Autoayuda, Ciencias Ocultas, Artes Marciales,
Naturismo, Espiritualidad, Tradición...) y gustosamente le complaceremos.

Puede consultar nuestro catálogo en www.edicionesobelisco.com

Colección Obelisco Éxito
CARISMA, CÓMO LOGRAR «ESA MAGIA ESPECIAL»
Marcia Grad

1ª edición: Noviembre de 1997
8ª edición: Junio de 2004

Título original: *Charisma, how to get «that special magic»*
Traducción: *Montserrat Porti*
Diseño de portada: *Michael Newman*

© Marcia Grad, 1986
(Reservados todos los derechos)
© Ediciones Obelisco, S.L, 1997
(Reservados los derechos para la presente edición)

Edita: Ediciones Obelisco S.L.
Pere IV, 78 (Edif. Pedro IV) 3ª planta 5ª puerta
08005 Barcelona-España
Tel. 93 309 85 25 - Fax 93 309 85 23
E-mail: obelisco@edicionesobelisco.com

ISBN: 84-7720-605-8
Depósito Legal: B-29.688-2004

Printed in Spain

Impreso en España en los talleres gráficos de Romanyà/Valls S.A.
Verdaguer, 1 – 08076 Capellades (Barcelona)

Dedicatoria

A todas aquellas personas cuyas únicas percepciones de la vida han clarificado mi forma de verla, y a todos los escritores, alumnos y clientes que me han ayudado a crear el Programa de Desarrollo del Carisma compartiendo sus experiencias conmigo a medida que evolucionaban para convertirse en las personas que siempre habían deseado ser.

Agradecimientos

Mi agradecimiento especial a mi hija, Laura,
el original producto de mi filosofía, a quien enseñé
y de quien aprendí a medida que compartíamos
experiencias y crecíamos y madurábamos juntas.
Mi más profunda gratitud a Carole Foley por sus
inspiradores consejos y su insustituible amistad.
Gracias de todo corazón a Melvin Powers, mi editor
y amigo, por su constante apoyo y expertos
consejos, y a Karnie Starrett, por su experiencia
editorial y su cautivadora sonrisa.

Prólogo

¿Puedes llegar a poseer «esa magia especial»? «¡Por supuesto que sí!», dice Marcia Grad, autora de *Carisma*. Y cuenta con estudios, resultados clínicos, años de experiencia y sentido común para reforzar su afirmación. Marcia es una conocida asesora de imagen que dirige seminarios y conferencias sobre el tema del carisma y cómo conseguirlo. Ha convertido a muchos adultos tímidos, introvertidos y poco sociables en personas cautivadoras. Cómo se consigue esta magia es el tema central de este libro.

Su mensaje es sorprendentemente claro: el carisma no tiene nada que ver con los genes ni con la suerte. El carisma es un derecho de nacimiento, un don natural que todos recibimos. Pero si esta afirmación es cierta, ¿por qué lo poseen tan pocas personas? Porque en la mayoría de los casos el carisma permanece dormido en silencio en el interior de las personas, oculto, reprimido y sin desarrollar.

Hasta ahora nos resultaba difícil explicar qué es el carisma y por qué algunas personas lo poseen en abundancia mientras que la mayoría de los demás tienen muy poco o carecen totalmente de él. Y todos hemos conocido a personas que tienen carisma siendo niños pero después lo pierden, así como otras que lo adquieren más tarde. ¿Y qué hay de aquéllos que sólo lo tienen en ciertas ocasiones? En el trabajo, por ejemplo, pero no en un contexto social o, como muchos artistas, sí en el escenario pero no fuera de él.

Este libro desvela estos misterios y nos enseña cómo despertar la fuerza carismática que todos poseemos, cómo aumentar su poder y cómo conservar su magia. Nos dice que el desarrollo de nuestro potencial carismático es una habilidad que podemos aprender, practicar, dominar e incluir en nuestra personalidad. Cualquier persona puede conseguirlo, y muchos individuos ya lo han hecho simplemente siguiendo los pasos del efectivo *Programa de Desarrollo del Carisma* de Marcia Grad.

¿En qué consiste este programa que puede ayudar a una persona tímida a adquirir confianza en sí misma, a una persona apática a ganar entusiasmo, una persona aburrida a ser el alma de una reunión y a cualquiera a controlar su magnetismo innato? La autora recurre a un enfoque multidimensional. Explora y analiza las múltiples piezas que forman el puzzle del carisma porque todas y cada una de ellas es necesaria para completarlo: pensamientos, actitudes, percepciones, comportamientos sociales, sexualidad, presentación física y hábitos personales. Nos incita a poner a prueba, cuestionar y cambiar el concepto que tenemos de nosotros mismos, los demás y el mundo que puedan bloquear el desarrollo de nuestro carisma natural. Entonces estaremos preparados para empezar a cultivar los hábitos necesarios para construir «esa magia especial». Hallarás muchas revelaciones acerca de tu comportamiento cotidiano y aprenderás técnicas que te ayudarán a poner en práctica las actitudes, las cualidades y los sentimientos propios de una persona con carisma. Cuando las dominas, estas técnicas funcionan automáticamente, a nivel subconsciente. Se convierten en una parte integral de tu ser.

Este libro refleja el especial don de su autora, cuyo entusiasmo y convicción de que la gente puede cambiar han inspirado a sus muchos alumnos y clientes. Los mismos expertos consejos y apoyo continuado que han sido de gran valor para ellos ahora están a tu disposición, lector.

Me complace especialmente presentar el libro de Marcia porque he sido testigo de los sorprendentes resultados de sus técnicas. Funcionan. Sus alumnos están ahora convirtiendo sus sueños en realidad. Y lo mismo que les ha ocurrido a ellos podría ocurrirte a ti.

No necesitas conformarte con lo que eres. Puedes ser como siempre has deseado ser: seguro de ti mismo, capaz de controlar situaciones sociales y profesionales, vital y estimulante para los demás. Puedes conseguir que se fijen en ti, gustar a los demás y que busquen tu compañía. Puedes conocer a las personas que deseas conocer y conseguir que formen parte de tu vida. Puedes mantener relaciones que antes considerabas fuera de tu alcance, y serás capaz de aprovechar oportunidades profesionales jamás soñadas.

Si pensabas que sólo un selecto grupo de elegidos poseían un poderoso magnetismo personal y que, desgraciadamente, tú no eras uno de ellos, estás a punto de iniciar un increíble y revelador viaje. No puedes ni imaginar todo lo que te espera: la consecución de todos los objetivos y aspiraciones que considerabas imposibles. Ésta es tu oportunidad de comenzar de nuevo, transformarte en una nueva y mejor persona, disfrutar de una nueva y mejor vida. Te deseo que cumplas todos tus objetivos con éxito.

Melvin Powers
Editor, Wilshire Book Company

PARTE 1

EL SECRETO

DEL CARISMA

Capítulo 1

De la pobreza
a la riqueza emocional

La riqueza emocional a menudo se obtiene de lo que parecen ser experiencias pobres.

La gente no cambia nunca. Hemos oído esta afirmación repetidas veces y creemos que es cierta, ¡pero no lo es! Podemos transformarnos en la persona que siempre hemos querido ser. Por muy difícil que haya sido nuestra vida en el pasado o lo sea en el presente, por mucho que necesitemos mejorar para obtener de los demás la respuesta que deseamos, ¡podemos conseguirlo! Cada uno de nosotros tiene el poder de cambiarse a sí mismo, cambiar su vida y el efecto que produce en los demás. Estoy segura de ello porque yo —en contra de todas las expectativas y a pesar de abrumadores obstáculos e infortunios— transformé mi personalidad y mi vida como jamás creí que fuera posible. Desde entonces he enseñado a muchas otras personas a hacer lo mismo, y no me cabe ninguna duda de que si yo pude hacerlo y ellos pudieron hacerlo, ¡tú también puedes conseguirlo!

Quiero iniciar este libro compartiendo con el lector mi propia metamorfosis que me permitió pasar de la pobreza a la riqueza emocional, una historia que confío te inspirará para convertirte en todo aquello que seas capaz de ser y te proporcione la fuerza necesaria para desarrollar «esa magia especial» que existe dentro de ti, esperando que la descubras.

Yo fui la primera hija de mi familia. Mi padre, que entonces tenía dieciocho años, partió hacia Europa para luchar en la guerra poco después de que yo naciera, de modo que su adolescente esposa se vio obligada a seguir adelante sola. Alejada de su marido y de sus amigos, que eran solteros y participaban activamente en la guerra, dedicaba los días a hacer de madre y pasaba las noches llorando.

Mi madre no era la única que estaba aislada de sus coetáneos. Recuerdo perfectamente que yo pasaba interminables horas sentada en el portal de nuestro piso de segunda mano sintiéndome marginada, indeseable y diferente mientras observaba a los grupos de alegres niños que jugaban en el patio de la guardería situada al lado de mi casa. Mi madre intentó muchas veces pagar para que yo pudiera jugar con los demás niños durante el recreo, pero el dueño de la guardería se negaba siempre argumentando la falta de plazas.

Siendo una niña sola en un mundo adulto, aprendí a adaptarme convirtiéndome en la «perfecta señorita», capaz de expresarme mejor que cualquier niño de mi edad.

Finalmente, mi padre regresó a casa y ambos asumimos gradualmente nuestros respectivos papeles de padre e hija. Él y mi madre, prácticamente dos estraños, aprendieron a conocerse de nuevo.

Cuando supieron que mi hermana estaba en camino, nos mudamos a una pequeña casa en un barrio cercano, donde empecé a ir a la escuela primaria. Me resultaba tan difícil relacionarme con los demás niños que todos los días iba a comer a casa. Siempre que la maestra preguntaba algo en clase, mi corazón se aceleraba y mi débil voz temblaba, a pesar de que normalmente sabía la respuesta correcta a sus preguntas. Yo era demasiado delgada para ajustarme a los cánones de la moda de la época, y la obligada cola de caballo hacía que mi delicado rostro pareciera todavía más pequeño. Deseaba ser diferente y tenía la esperanza de crecer y ser hermosa y ganar confianza en mí misma como las estrellas de cine que tanto me gustaba admirar en las románticas películas de «chico-conoce-chica».

Éramos una familia, con nuestro jardín con árboles frutales y cortinas de organdí. Lo que nos faltaba en dinero, lo suplíamos con amor. Mi madre siempre estaba allí para compartir mis triunfos y calmar mi dolor. Mi padre siempre me decía que pusiera lo mejor de mí misma en todo aquello que emprendiera, y me encantaba ver el orgullo que reflejaban sus ojos cuando sabía que lo había hecho. Yo enseñé a mis dos hermanas menores a hacer el pino, a espiar durante las fiestas de mis padres y, en general, a moverse por el mundo.

Pero, obviamente, nuestra familia no era perfecta. Mis hermanas y yo también nos peleábamos y muchas veces pensaba lo que piensan todos los niños: que las reglas eran demasiado severas, o que mis padres favorecían a una de mis hermanas más que a mí. Y además estaba la dolorosa inseguridad emocional de haber crecido en una época en que los padres eran muy estrictos, decidían por sus hijos y les indicaban cómo debían actuar y hablar, qué aspecto debían tener y qué debían sentir y pensar.

A los doce años, ingresé en el hospital enferma de polio. Recuerdo perfectamente el pánico que me invadía cuando mis padres me hablaban a través del micrófono instalado en una ventana de cristal de la sala de aislamiento, cuando sentía el insoportable calor de las toallas que la hermana Kenny hervía y después me colocaba sobre el cuerpo, y cuando veía a las enfermeras protegidas con guantes y mascarillas que tiraban todo lo que yo había tocado. Recuerdo la extraña sensación que sentí cuando intenté mover la pierna y no pude y, finalmente, la desesperación que me invadió cuando, ya preparada para abandonar el hospital, comprobé que no podía andar. Y también recuerdo la mirada de la gente la primera vez que me atreví a mostrarme en público sentada en una silla de ruedas.

Después vino el centro de rehabilitación con sus duros ejercicios de terapia que ponían de manifiesto mi debilidad, favorecían la frustración y me remitían a la inevitable pregunta: ¿Por qué yo? Recuerdo a la esquiadora olímpica Jill Kinmont tumbada en una cama contigua a la mía, paralizada debido a un accidente de esquí que se comentó mucho en la prensa (e inspiró el libro y la película *The Other Side of the Mountain —El otro lado de la montaña—*), sonriéndome y dándome ánimos. Jamás olvidaré su fuerza y cómo me ayudo a construir la mía.

Durante los fines de semana que podía estar con mi familia, mi silla de ruedas chocaba contra todo en nuestra pequeña casa. Y los domingos por la tarde, cuando debía volver al hospital, siempre había lágrimas. Finalmente conseguí superar la difíciles transiciones, primero a las muletas y después a los pasamanos del hospital. Cojeaba, pero por fin podía andar sola.

Regresé a la escuela y, aunque al principio la cojera era como una maldición para mí, volví a hacer amigos y conseguí ponerme al día en clase. Tenía los mismos sueños que tiene cualquier adolescente: ser la primera elegida para bailar con el señor Maravilloso en los bailes de estudiantes y transmitir la misma imagen de seguridad que las chicas que bailaban cada canción con un chico diferente. Quería conseguir la amistad de las chicas más populares, formar parte de una pandilla, ser una de las que consiguen una victoria abrumadora en las elecciones de la escuela por muy fantásticas que sean las rivales.

Sin embargo, por motivos que no podía comprender, nunca era la primera a quien solicitaban para bailar, tener una cita o compartir una amistad. Y en las únicas elecciones de estudiantes en que me presenté, quedé en segunda posición después de «una de ellas»: una chica de silueta curvilínea, ojos azules y una rubia cola de caballo que se balanceaba atractivamente mientras se pavoneaba ante los demás por su victoria.

Mi familia se mudó y empecé el instituto en un nuevo barrio. La mayoría de amigas que hice eran miembros de Anora, un club despreciado por los miembros de Dante, el club elegido por las chicas más populares. Parecía que estaba condenada a ocupar siempre una posición inferior a la de la gente guapa, elegante y segura de sí misma que tanto me intimidaba. Entré en Anora porque me ofrecía seguridad emocional y social.

A pesar de que dos años después me eligieran presidenta y algunos de mis compañeros probablemente pensaban que era «alguien», yo seguía sintiéndome la segunda mejor. Intenté descubrir qué hacía diferentes a los miembros de Dante, por qué creían que eran mejores que los demás, pero la respuesta siempre fue un misterio para mí.

Durante mi último año en el instituto, conocí a un estudiante que se convertiría en mi príncipe azul. Pronto nuestra amistad adquirió una nueva dimensión: el amor y la pasión se imponían con fuerza. Como había una gran demanda de maestros y el horario de trabajo era muy apropiado para una mujer que quería casarse y tener hijos, decidí estudiar magisterio.

Una noche de junio, ya bastante tarde, mi príncipe y yo despertamos a mis padres para comunicarles que habíamos decidido iniciar nuestra vida en común. Queríamos casarnos en septiembre, dos semanas antes de que él empezara sus clases en la facultad de medicina. Yo estudiaría magisterio (¿acaso la mayoría de estudiantes de medicina no se casaban con maestras?) hasta que me graduara en enero. A partir de entonces trabajaría mientras él terminaba sus estudios. Pagaríamos la hipoteca, tendríamos una familia y viviríamos muy felices.

Mis padres le querían como al hijo que no tuvieron. Nuestra boda fue maravillosa; la luna de miel fue incluso mejor. Éramos «el señor y la señora locamente enamorados», dispuestos a comernos el mundo. Nos instalamos en un pequeño piso y lo llenamos de muebles sencillos y mucho amor. Yo era estudiante de magisterio, pero mi rol preferido era el de ama de casa: la señora Limpia. Me encantaba desempeñar ese papel.

Poco después, mis padres organizaron una gran fiesta para celebrar mi graduación y el anuncio de nuestro primer hijo, que había de nacer en agosto. Mi cuento de hadas particular se estaba convirtiendo en realidad. Estaba enamorada de un hombre maravilloso, pronto tendríamos un hijo y estaba impaciente por disfrutar de una vida de felicidad y seguridad. Lo tenía todo.

La mayoría de noches las pasaba haciendo ganchillo en la sala de estar mientras mi príncipe estudiaba en su gran escritorio de madera situado en el centro de la habitación. Cuando no cenábamos en casa de mis padres, sobrevivíamos a base de pasta, carne, risas y sueños. Íbamos al cine los días en que la entrada era más barata o jugábamos a las cartas con algunos amigos. Los sábados por la mañana nos repartíamos los quehaceres domésticos y por las tardes él estudiaba mientras yo iba de compras, hacía recados y preparaba mis clases.

Nos mudamos a un piso de dos habitaciones que podíamos mantener con dificultad. Una noche de agosto, mientras teníamos invitados en casa, se presentaron los dolores de parto. Todos fuimos al hospital para el gran acontecimiento. Nuestro hijo nació con un pequeño problema de respiración. El pediatra nos aseguró que mejoraría en pocas horas, pero no fue así, sino que empeoró. Me trasladaron a una habitación individual donde mi marido y yo esperamos durante dos largos días con sus noches. En una habitación repleta de flores, globos y regalos, asustados y a punto de perder las esperanzas, ambos buscamos el consuelo en el otro. Luego todo terminó. Nuestro bebé murió. Mi cuento de hadas empezó a fallar.

Mi marido se tomó dos semanas de vacaciones de su empleo de verano vendiendo útiles de fontanería y regresamos solos a nuestro piso de donde mi desconsolada madre había retirado todas las cosas del bebé. Nos amamos y nos consolamos el uno al otro, y lloré hasta que se me acabaron las lágrimas.

Los médicos me recomendaron que me quedara embarazada tan pronto como fuera posible y seguimos su consejo. Un segundo bebé había de nacer en agosto del siguien-te año.

Mi marido regresó a la universidad y yo entré a trabajar en una empresa eléctrica. Ganaba menos que siendo maestra, pero no podía soportar volver a trabajar con niños pequeños. Como no habíamos podido permitirnos un seguro médico, tuvimos que pagar poco a poco las considerables facturas resultantes del intento de salvar a nuestro hijo.

Cuando todavía me esforzaba por superar la muerte de nuestro primer hijo, descubrí que tenía un nuevo problema. La convicción de mi marido de llegar a ser médico empezó a perder intensidad y desapareció por completo cuando abandonó sus estudios y aceptó un empleo como vendedor. El cuento de hadas se desintegraba cada vez más.

Nuestra hija nació con buena salud. La felicidad que experimentamos nos ayudó a sanar la herida de la pérdida de nuestro primer bebé. Mi marido cambió varias veces de empleo en un intento de ganar suficiente dinero para pagar nuestras deudas. Nuestra vida era difícil en algunos aspectos, pero teníamos a la hija que tanto habíamos deseado, disfrutábamos del tiempo libre juntos y del amor que sentíamos el uno por el otro. Por un tiempo pareció como si todo aquello fuera suficiente, pero no lo era. Nuestra vida se llenó de traumas y catástrofes.

Poco después del nacimiento de nuestro tercer hijo, un niño, me atacó una enfermedad difícil de controlar, a pesar de ingresar regularmente en el hospital, seguir una estricta dieta y tomar fuertes medicamentos. Mi marido tuvo que someterse a una operación de apendicitis de urgencia y padeció varios ataques de cálculos renales que nos obligaron a realizar cuatro o cinco (¿quién puede acordarse?) carreras frenéticas hacia el hospital. También tuvimos que realizar algunas visitas de urgencia al hospital debido a nuestros hijos, incluyendo una ocasión en que nuestra pequeña hija dejó de respirar de repente. Durante aquellos años, nuestra familia también sobrevivió a una evacuación de emergencia cuando un terremoto causó importantes daños en nuestra casa y nos salvamos milagrosamente de un incendio en un hotel.

Estaba resentida porque la vida era tan injusta y tenía la esperanza de que algo o alguien me rescataría de aquella inacabable sucesión de problemas y dolor que parecía perseguirme. Más que nunca, me sentía inferior a la gente guapa y elegante cuyas vidas parecían tan perfectas como su aspecto físico.

Durante los dos años siguientes no ocurrió nada especialmente negativo y todos estuvimos relativamente bien. Yo colaboraba como voluntaria en un hospital y empecé a trabajar de nuevo como maestra a media jornada. También escribí un libro de cocina basado en la dieta que yo misma había confeccionado para controlar mi enfermedad. Sin embargo, sorprendentemente, parecía que a medida que nuestra salud mejoraba y los niños crecían, nuestra vida familiar se deterioraba. Con frecuencia sentía que vivía con un desconocido, un irritable desconocido. Hice todos los esfuerzos posibles para intentar que la situación mejorara, pero no funcionó.

En un intento de liberarme de la tensión, me inscribí a clases de yoga, aprendí a jugar al tenis y corría con regularidad, pero todas estas actividades sólo me proporcionaban un alivio momentáneo. Después las cosas fueron empeorando. Un camión chocó contra mi coche. Después de pasar dos semanas en el hospital, tuve que someterme a un largo tratamiento de recuperación y soportar un intenso dolor.

Nueve meses después, cuando el dolor empezó a desaparecer y yo intentaba reanudar mi vida de nuevo, sufrí otro accidente de automóvil. De nuevo tuve que pasar por el hospital, la terapia de recuperación, el insoportable dolor y, esta vez, la fatiga emocional.

Conseguí recuperarme lentamente y volví a incorporarme a mi vida normal lo mejor que pude, pero nuestra casa seguía pareciendo una zona de guerra. Se me revolvía el estómago, los niños temblaban y todos nos esforzábamos por mantener la calma . Yo tenía la esperanza de que la situación mejoraría, pero en lugar de eso se desencadenaron una serie de crisis, más propias de una teleserie que de la vida real, que superaron con creces las dificultades de los anteriores años de matrimonio. Tras explorar y agotar todas las vías de ayuda posibles, me di cuenta de que nuestro matrimonio debía terminar. Mi príncipe azul se marchó, y un doloroso vacío ocupó su lugar.

Invadida por la confusión y el disgusto al ver que mi querido cuento de hadas se había deshecho en pedazos, intenté seguir mi vida sin un compañero. Más insegura que nunca, volví a entrar en el mundo de los solteros, cosa que no había experimentado desde mi época en el instituto. Como en aquellos años, me sentía frustrada y envidiaba a aquellas personas con suerte capaces de atraer a quien desearan, personas que en las fiestas no tenían que hacer viajes frecuentes a las mesas de comida o al baño para sentirse ocupadas. El hombre más atractivo siempre se acercaba inevitablemente a otra persona. Cuando conseguía conocer a alguien que podría interesarme, casi siempre estaba demasiado nerviosa para mirarle a los ojos, y no digamos para que se me ocurriera algo ingenioso que decir.

Al parecer, muchas veces tenemos que tocar fondo antes de ser capaces de admitir que nuestra forma de vida no funciona. El dolor emocional puede impulsarnos a analizar nuestro interior y nuestras vidas. Yo llegué a ese punto y, con la ayuda de una comprensiva amiga y un magnífico terapeuta, tomé consciencia de los patrones recurrentes de mis experiencias y mis reacciones ante ellas.

La vida me había tratado con dureza, y yo había luchado contra ella, me había sentido herida y había permitido que lentamente me deprimiera y me destrozara. Pero por mucho que sufriera, nadie vino a rescatarme ni me ayudó a superar mis desgracias. Nadie detuvo el dolor. Finalmente afronté el hecho de que nadie lo haría ni podría hacerlo jamás. Tenía que hacerlo yo misma.

Empecé a releer algunos libros de autoayuda y devoré otros nuevos con avidez. Escuché cintas de autoayuda, recordé historias que la gente me había contado acerca de su propia vida y su actitud, y pensé en el calor de Jill Kinmont, su sonrisa y su increíble entusiasmo por vivir, a pesar de su terrible estado físico. Pronto me di cuenta de que necesitaba hacer algunos cambios en mi actitud hacia mí misma, la forma en que percibía la vida y mis relaciones personales. Descubrí que la felicidad eterna que siempre había soñado no es algo que se pueda perseguir ni exigir. Cuando cambié mi forma de percibir las cosas, también cambiaron los sentimientos hacia mí misma y mi mundo. Tras mi metamorfosis, me sentí invadida por una intensa felicidad, esa felicidad que te hace sonreír cuando no te ve nadie y canturrear cuando estás a solas. Para mi sorpresa, sentía una paz y un bienestar interiores que jamás había experimentado. Desarrollé la capacidad de aceptar con entusiasmo la vida tal como se presentara: buena o mala, fácil o difícil. Obtuve fuerza de todas las duras experiencias de mi vida hasta que mi interior adquirió una considerable solidez y resistencia. Aprendí a aceptarme tal como era, a gustarme, a disfrutar de mí misma, incluso a admirarme de vez en cuando.

Las relaciones con mis padres y mis hermanas se enriquecieron mucho cuando demostré mi nueva capacidad de comprender y compartir. Se sorprendieron mucho por el cambio radical que se había producido en mí, al igual que mis amigos, a quienes les resultó difícil creer que siguiera siendo la misma mujer infeliz y cohibida que habían conocido durante años. Mis hijos empezaron a llamarme su «nueva mamá». La gente empezó a fijarse en mí y buscaba mi compañía. Mi nueva actitud ante la vida me hacía sentir fantásticamente bien y, al parecer, también conseguía que los demás se sintieran igual. Me encantaba comprobar que obtenía respuestas muy positivas de los demás. Mis éxitos sociales iniciales despertaron mi apetito para conseguir más. Empecé a preguntarme si podría llegar a convertirme en una de esas personas carismáticas que siempre había deseado ser.

Observaba atentamente a todos aquellos individuos que consideraba que tenían un intenso magnetismo personal. Me fijaba en todos los detalles de su aspecto y su comportamiento en público, y me atreví a hablar con algunos de ellos para saber más acerca de su capacidad de atraer a la gente. Cuanto más escuchaba, más me convencía de que el carisma es una cualidad que puede desarrollarse.

Seguí con convicción mi programa de mejora personal, combinando diferentes teorías psicológicas, ampliando algunas y descartando otras. Experimenté nuevas formas de pensar, puse en práctica nuevos comportamientos y trabajé para mejorar mi aspecto físico. Finalmente fui capaz de experimentar plenamente y apreciar todas las facetas de mí misma y del mundo que me rodeaba, así como compartir mi verdadera personalidad y mi nueva ilusión de vivir. Había descubierto el secreto de crear carisma, la magia que tanto había anhelado poseer.

Ya no tenía que preocuparme por cómo ni dónde conocer a gente: empecé a conocer a muchas personas en todas partes. Mi agenda de compromisos sociales estaba repleta. En las fiestas solía ser el centro de atención, precisamente como las chicas que tanto había observado y envidiado desde un rincón.

La oportunidades profesionales abundaban tanto como las sociales. Las ofertas para ocupar interesantes cargos o participar en buenos negocios se presentaban cuando menos lo esperaba. Acepté algunas propuestas y algunas resultaron tener mucho éxito. Mi nueva actitud emprendedora y positiva favorecía una reacción similar en los demás, y gracias a ello mis proyectos tenían una mayor probabilidad de llevarse a cabo con éxito. Casi todo parecía posible, incluso que algunos sueños imposibles se hicieran realidad.

Sin embargo, el hecho de haberme convertido en «la nueva yo» no me garantizaba que disfrutaría de una vida sin problemas. En los años que han seguido a esa época he tenido que superar duras situaciones que han puesto a prueba mis fuerzas, mi confianza en mí misma y mi fe en la sabiduría del universo. Te preguntarás si todavía sonrío cuando nadie me ve y canturreo cuando estoy sola... ¡Por supuesto que sí! Y tú también puedes hacerlo.

Desarrollar tu propia «magia especial» puede ser la experiencia más importante de tu vida, un esfuerzo que te garantiza una recompensa mucho mayor que cualquier otra labor que emprendas. Concédete la oportunidad de tener una vida mejor. Todo lo que siempre has deseado está allí esperándote. ¡Ahora tienes la oportunidad de reclamarlo!

CAPÍTULO 2

¿Qué es el carisma?
El secreto desvelado

Descubre el misterio del carisma y dscubrirás la verdadera esencia de la vida.

Sin lugar a dudas, las has visto: esas personas especiales cuya mera presencia puede electrizar una habitación llena de gente. Transmiten tanta confianza en sí mismas que atraen la atención. Los demás flotan a su alrededor embelesados por cada palabra que dicen. Tal vez tú mismo te has sentido fascinado por alguna de estas personas y te resulta difícil identificar por qué produce un efecto mágico en ti. Es posible que creas que esa persona nació con la capacidad de atraer como uno nace con los ojos azules o las piernas largas. Pero sabemos que eso no es cierto. La increíble atracción que Eleanor Roosevelt ejercía sobre los demás no se manifestó hasta que fue una persona adulta. Por otra parte, algunas personas poseen esa cualidad siendo niños pero parecen perderla cuando crecen.

MAESTROS DEL MAGNETISMO PERSONAL

Muchos personajes políticos y líderes espirituales poseen esta magia. Inmediatamente nos vienen a la mente los nombres de John F. Kennedy, Robert Kennedy, Evita Perón, Jacqueline Kennedy Onassis y Mahatma Gandhi, y también los de estrellas de cine como Elizabeth Taylor y Robert Redford o los cantantes Neil Diamond, Frank Sinatra, Elvis Presley y Michael Jackson. Algunas estrellas de la televisión norteamericana como Phil Donahue, Johnny Carson y Merv Griffin han conseguido que la audiencia se mantuviera fiel a sus programas durante años. Todos estos personajes han hechizado a la gente con su magnetismo.

¿Qué es esa fuerza magnética que permite a algunas personas capturar y retener la atención del público? Es carisma, ese misterioso «algo» que identificamos instantáneamente en algunas personas de forma instantánea.

Los griegos definían el término carisma como un don divino, como por ejemplo el poder de curar o predecir el futuro. Ya en este siglo, el economista y sociólogo alemán Max Weber redifinió el término carisma como «una cualidad de la personalidad de un individuo que le diferencia de los hombres normales y hace que se le trate como si estuviera dotado de poderes o cualidades sobrenaturales, sobrehumanos o al menos específicamente excepcionales». En sus extensos escritos sobre el tema, Weber amplió el concepto de carisma para incluir a personalidades creativas o innovadoras que atraen a seguidores, a pesar de que no pretendan poseer ninguna gracia divina. En la actualidad, el término carisma tiene un sentido más general debido al uso hecho por sociólogos y psicólogos. Sus múltiples acepciones incluyen el magnetismo personal, el encanto, la cualidad de destacar y la personalidad de triunfador.

El carisma es un fenómeno que tiene varias facetas. En los personajes públicos adquiere muchas formas en función de la combinación de diferentes componentes. Hemos admirado a líderes políticos que nos ofrecían esperanza en épocas de malestar social, como Franklin Delano Roosevelt en Estados Unidos durante la gran depresión. Hemos sido testimonios de de grandes cambios sociales provocados por las apasionadas convicciones y tenaces esfuerzos de personas carismáticas comprometidas con una causa, como en el caso de Martin Luther King Jr. Y también hemos visto la devoción incondicional y la confianza ciega y fanática en algunos líderes destructivos como Adolf Hitler, Charles Manson y el reverendo Jim Jones.

Con frecuencia el poder carismático de los líderes políticos depende parcialmente de factores ajenos a su persona. Roosevelt, Mussolini y Hitler llegaron al poder después de períodos de guerra, inflación y/o depresión. La insatisfacción de la gente por el curso de los acontecimientos y su disponibilidad para aprobar los cambios sociales les hicieron vulnerables a la capacidad de persuasión de los líderes que, según creían, tenían «la respuesta». Los seguidores de algunos de estos individuos que prometían cambios y mejoras los elevaron a la categoría de dioses.

Hasta cierto punto, los líderes espirituales también dependen de las necesidades de sus seguidores para poder ser percibidos como carismáticos. Aquellos individuos que utilizan su capacidad de alimentar el alma humana son capaces de crear un aura a su alrededor que tiene una gran influencia sobre sus seguidores. Billy Graham, uno de los evangelistas más populares de todos los tiempos, ha cambiado la vida de millones de personas. El Papa Juan Pablo II inspira a grandes multitudes compartiendo momentos íntimos y convenciéndoles de que son capaces de cumplir misiones muy elevadas, con más amor y compasión de lo que jamás creyeron posible.

Las estrellas del mundo artístico satisfacen unas necesidades diferentes a las satisfechas por los líderes políticos o espirituales, como por ejemplo el deseo de estimulación, diversión y belleza.

Si bien es cierto que nuestra propia situación psíquica crea el entorno adecuado donde puede formarse un líder carismático, para proyectar una imagen atractiva también es necesario disponer de algunos rasgos de personalidad básicos. De lo contrario, todas aquellas personas que afirmaran tener una misión o una solución que nos beneficiaría, o que parecieran capaces de ayudarnos de alguna forma, serían carismáticas.

Aunque no todos los líderes carismáticos poseen exactamente la misma combinación de cualidades, al parecer sí existen algunas comunes en todos los casos. Muchas personas tienen uno o más de estos atributos, pero los individuos carismáticos tienden a poseerlos en cantidades extraordinarias: energía, vitalidad, coraje, serenidad (especialmente cuando se está sometido a una gran tensión), individualismo, metas claras, persecución del objetivo o los objetivos y confianza y empeño en tener éxito.

La paradoja es que mientras que a nosotros nos gusta admirar, respetar y tal vez mostrar un temor reverencial por ciertos individuos carismáticos, nos atraen mucho más cuando podemos, al mismo tiempo, relacionarnos e identificarnos con ellos como seres humanos. Queremos sentir que ellos también son, en cierto modo, personas normales y corrientes como nosotros.

El acto de reconocer a alguien como carismático es más una reacción emocional que una decisión intelectual, y por ello respondemos intensamente frente a individuos que alcanzan nuestros sentimientos más profundos. Por este motivo, muchas cualidades que podrían considerarse negativas en realidad consiguen realzar el carisma de una persona.

32

Simpatizamos con individuos que tienen pequeños defectos, y aquéllos cuyos defectos son mayores despiertan nuestra compasión. Al comprobar que una persona es vulnerable sentimos que es real, cuando de lo contrario podríamos pensar que es demasiado perfecta. La lucha de una persona por superar problemas físicos o emocionales puede ser contribuir a aumentar notablemente su carisma, al igual que un temible roce con la muerte.

La silla de ruedas de Franklin Delano Roosevelt, los problemas de espalda de John Fitzgerald Kennedy, el balbuceo de Winston Churchill, la picante fragilidad de Marilyn Monroe y la enorme nariz de Jimmy Durante fueron elementos que favorecieron el carisma de todos estos personajes.

Existen muchas otras características que pueden aumentar el carisma de una persona. Un acento o rasgo extranjero —prácticamente cualquier cosa que sea exótica o misteriosa— nos intriga. Un aura de poder, una gran riqueza o la popularidad pueden favorecer la percepción del carisma al igual que un talento inusual, una inteligencia excepcional o una gran belleza. Las personas que poseen estos atributos nos impresionan y, cuanto más se desarrollan o potencian, mayor es el atractivo del individuo.

¿Se puede poseer un intenso magnetismo personal sin la ayuda de estos atributos? Sí, porque, afortunadamente, el carisma no sólo depende de la posición social, el talento, el coeficiente intelectual o los éxitos logrados. Se puede desarrollar un poderoso carisma sin la ayuda de cualidades que parezcan sobrehumanas, increíbles o excepcionales. El carisma puede generarse desarrollando el potencial que existe en cada uno de nosotros. Consciente o inconscientemente, probablemente tú ya has experimentado tu propio carisma en varias ocasiones. Reconocer su existencia es el primer paso para reforzarlo y potenciarlo.

Tres tipos de carisma

Pseudo-carisma

Actores, políticos, oradores, licitadores, vendedores y otros profesionales que deben ganarse al público para tener éxito aprenden a «poner en marcha» su carisma cuando es necesario. Con frecuencia adquieren la capacidad de hacernos confiar o creer en ellos. Estos individuos saben que su forma de mirar, hablar, moverse e incluso pensar determina la fuerza del impacto que producen en nosotros. Utilizan el carisma como herramienta que les permite alcanzar el objetivo deseado.

Muchas personas también utilizan el pseudo-carisma en la vida cotidiana para impresionar al jefe, para precipitar una cita o conseguir que los demás compartan sus mismos deseos. A veces notamos que el carisma de una persona de este tipo no es más que una imagen estudiada y construida de forma artificial. Esta ilusión puede ser muy efectiva, al menos temporalmente.

Carisma situacional real

En algunas ocasiones, una persona puede desarrollar su carisma en función de la situación, lo que está haciendo o lo que ocurre a su alrededor. Cuando esto ocurre a una persona que está actuando sobre un escenario, por ejemplo, se deja llevar por la atmósfera de la situación y se contagia de su excitación. Pero es posible que la misma persona no siempre sea capaz de generar esta estimulante energía en otras situaciones.

Un presentador de televisión comentó que le resultaba fácil atraer la atención de la audiencia de todo el país, pero que era un «caso perdido» en cualquier fiesta. Muchas personas del mundo del espectáculo confían en sí mismas cuando están en el escenario pero son tímidas cuando están fuera de él. Igualmente, un hombre o una mujer de negocios puede mostrarse firme en una reunión pero tímido/a en una cita, o uno puede ser muy callado en el trabajo pero entusiasmarse y encandilar a los demás cuando habla de un tema que le apasiona o practica su pasatiempo favorito.

El carisma situacional real es el resultado de sentirse excepcionalmente bien con uno mismo en una determinada situación. Lo experimentamos cuando nos sentimos aceptados y apreciados, al igual que cuando estamos enamorados, nos ascienden o hacemos algo de lo que nos sentimos especialmente orgullosos. En estos momentos, nuestra autoestima aumenta notablemente e influye en la forma en que los demás nos perciben.

¿Has visto alguna vez a una persona conocida que acabe de enamorarse locamente y te has dado cuenta de que estaba experimentando algo maravilloso y gratificante? Tal vez te preguntaste por qué esa persona tenía un aspecto tan radiante y si quizás acababa de regresar de una fantásticas vacaciones o le había tocado la lotería. Seguramente se movía con más aplomo y parecía más alta y más segura de sí misma que antes, y su voz era más animada y sus ojos tenían un nuevo y excitante brillo.

Los individuos que poseen carisma situacional real transmiten espontáneamente sus sentimientos positivos en algunas situaciones, pero son incapaces de reproducirlos y compartirlos voluntariamente.

Carisma genuino

Los individuos que poseen carisma genuino son capaces de mantener una atención hacia su persona que supera el impacto positivo inicial y momentáneo que producen en los demás y la estimulación de situaciones temporales. Su carisma parece ser una parte intrínsica de ellos mismos. Estos individuos saben cómo producir y reproducir carisma. Han conseguido dominar la magia, y tú también puedes hacerlo.

En algún momento de nuestras vidas, todos hemos sentido que estábamos en perfecta armonía con nosotros mismos y con el resto del mundo. Durante un minuto, una hora o un día, un resplandor positivo colorea nuestros pensamientos haciendo que nos sintamos mejor e influyendo en nuestro comportamiento. En estos momentos, atraemos más a los demás que normalmente.

Nuestro carisma depende en parte de la duración del momento en que experimentamos estas sensaciones positivas, su grado o intensidad y cuán libres nos sentimos para compartirlas con los demás.

SER MAGNÉTICOS ES NUESTRO ESTADO NATURAL

Sólo somos aburridos y sosos cuando estamos demasiado cohibidos o tenemos miedo de mostrar nuestra verdadera personalidad ante los demás. Construimos barreras psicológicas que bloquean el flujo de nuestro carisma natural, ese aspecto diferencial de nuestra personalidad que los demás pueden considerar el más fascinante. El carisma existe en nuestro interior y, si aprendemos a liberarlo y desarrollarlo, puede ayudarnos a atraer a los demás.

¿Por qué a muchos nos cuesta tanto liberar nuestro carisma? Desgraciadamente, a menudo nos educan para que lo ocultemos ante los demás. Nuestros educadores nos condicionan con frases como «no toques» o «compórtate como una persona mayor», y se nos aconseja que controlemos nuestras emociones. Reprimimos nuestro potencial de carisma natural construyendo elaboradas defensas para protegernos de los pequeños contratiempos de la vida.

Reaccionamos instintivamente ante las personas que se atreven a mostrarse abiertas, divertidas o espontáneas sin miedo a que se les juzgue o rechace, y que transmiten un sincero y entusiasta interés por los demás y por el mundo que les rodea. Todos buscamos a este tipo de personas porque animan nuestras vidas, nos ayudan a superar el aburrimiento derivado de los aspectos tediosos de la vida y, por unos instantes, nos hacen olvidar las preocupaciones de cada día. Su resplandor interior y su chispa les hacen ser diferentes, refrescantes y estimulantes. Estas personas son emocionalmente ricas. El acto de compartir su especial y abundante vitalidad interior es el rayo de sol que ilumina una habitación cuando entran en ella.

Inmediatamente percibimos las vibraciones positivas que emanan de esa persona. Puede ser un vendedor, un posible socio, un amigo o un amante: cualquier persona. Conocemos a esa persona y automáticamente sabemos si nos gusta o no. En caso de que nos guste, es muy probable que estemos respondiendo al sutil poder que emana sin esfuerzo de su atractiva personalidad. Cuando la persona no nos gusta, estamos recibiendo vibraciones negativas, es decir, el carisma actúa a la inversa. Nuestro intuitivo sexto sentido tiene mucho que ver con la reacción aparentemente automática y subliminal que experimentamos ante una persona, pero no es el único sentido que influye en la impresión que nos causan los demás.

EL FENÓMENO DE UNA PRIMERA IMPRESIÓN CARISMÁTICA

Cuando conocemos a alguien, en primer lugar nos fijamos en su aspecto. Lo primero que determinamos es su edad y el color de su piel. A continuación nos centramos en otros atributos físicos como la altura, el peso, la constitución física, el cabello y otros muchos componentes, como por ejemplo la forma de vestir, que constituyen importantes elementos del aspecto físico.

Observamos y reaccionamos ante la expresión facial y el lenguaje corporal de un individuo, incluyendo el contacto visual, la postura, los gestos, el uso del espacio personal y el tacto. Estos elementos constituyen un cincuenta y cinco por ciento de la primera impresión que una persona causa en los demás.

A continuación nos fijamos en lo que oímos. El timbre, la intensidad, el tono y la emoción de la voz y el modo de articular las palabras constituyen otro 38 por ciento del juicio que hacemos sobre una persona.

La conversación —las palabras que realmente pronuncia un individuo— constituye el 7 por ciento final del impacto inicial que una persona produce en otra.

Componentes de una primera impresión

55% COMUNICACIÓN NO VERBAL	38% COMPONENTE VOCAL	7% COMPONENTE VERBAL
Expresión facial Lenguaje corporal	Modo en que se emiten las palabras	Significado de las palabras

Nuestra actitud y nuestra forma de mirar, hablar y movernos determinan cómo nos perciben los demás. Si no satisfacemos las expectativas de los demás en algún aspecto, sobre todo durante los cruciales primeros minutos después de conocer a alguien, nos arriesgamos a «desencantar» a los demás. Y cuando hemos causado una primera impresión negativa, resulta muy difícil, si no imposible, cambiarla.

A todos nos ha ocurrido en alguna ocasión que pensamos que alguien es fantástico cuando hablamos con él por teléfono, pero nuestras ilusiones se desvanecen al verlo por primera vez. Es posible que sus gestos bruscos, su aspecto descuidado, sus tics nerviosos o cualquier otra cualidad o comportamiento negativo nos decepcione y elimine el interés que previamente sentíamos por ese individuo. O tal vez conocemos a una persona muy atractiva e impecablemente vestida pero nos sentimos decepcionados cuando habla por el tono monótono de su voz o sus altaneras palabras.

En cierto modo, cada uno de nosotros se promociona a sí mismo al igual que se promociona un producto cuando se lanza al mercado. Por ejemplo, un libro puede ser una verdadera obra maestra literaria, pero si el título y la portada no son atractivos, es posible que pocas personas lleguen a descubrir la belleza del interior. Por el contrario, también es muy probable que nos atraiga un libro por su fantástica portada o su estimulante título pero, si su contenido no es interesante o diferente, no conseguirá mantener nuestro interés cuando lo leamos.

Nuestro aspecto también sirve para atraer la atención de los demás, dándoles la oportunidad de descubrir nuestras cualidades interiores, cualidades que realzan nuestro aspecto, porque nuestro andar, postura, expresiones faciales, voz y conversación reflejan nuestro estado emocional. El cuerpo y la mente están íntimamente relacionados.

Los individuos carismáticos saben que su poder de atraer a los demás depende de su habilidad para proyectar los mejores aspectos de sí mismos, tanto internos como externos. Cuando lo hacen, son capaces de cautivar a los demás como por arte de magia.

Nosotros también podemos hechizar a los demás potenciando los elementos necesarios para causar una buena primera impresión con nuestra energía y nuestro entusiasmo interiores. La utilización de la capacidad de relacionarse con los demás y la vitalidad natural pueden contribuir a causar una buena impresión a alguien que posee un gran carisma.

CARISMA INSTANTÁNEO: ¿EN QUÉ CONSISTE LA MAGIA?

¿En qué consiste la magia que hechiza a la gente? Es tan inexplicable como el fenómeno de sentir la presencia de alguien que nos observa desde detrás. Es tan indefinible como el amor y el espíritu humano, sin embargo se puede aprender a despertar su poder.

Los expertos en psicología han descubierto que, cuando experimentamos una intensa atracción instantánea por alguien, en nuestro organismo se desencadenan una serie de reacciones químicas que provocan una aceleración del ritmo cardiaco y respiratorio. Los elementos químicos que causan estas reacciones siguen circulando por nuestro cuerpo, estimulando el sistema nervioso e intensificando y prolongando la excitación inicial. Todos podemos aprender a provocar en los demás estas reacciones químicas corporales que pueden transformar su interés momentáneo en una fascinación por nosotros.

La estimulación intensa y placentera de nuestros sentidos puede crear la excitación original que desencadenará el proceso fisiológico. Podremos crear la magia de la atracción inmediata si conseguimos evolucionar hasta un punto en que enviamos señales electrizantes que producen placer y éstas son captadas por los sentidos de los demás.

El carisma es una atracción magnética creada por un delicado equilibrio entre estas poderosas señales emitidas por un individuo y su recepción subconsciente por parte de otro individuo. Aunque somos capaces de ejercer una atracción a distintos niveles —intelectual, emocional o físico—, estas señales son más efectivas cuando son el resultado total de la esencia de una persona: cómo se mueve, se comporta, se expresa, viste, piensa y siente.

Algunas de estas señales se perciben de forma instantánea, mientras que otras son menos evidentes. Si bien en el pasado se consideraban fenómenos misteriosos, la ciencia actual acepta la existencia de ondas energéticas invisibles, descargas eléctricas positivas y negativas, como parte del proceso vital. Las corrientes eléctricas conducidas por el cerebro y la actividad muscular se pueden medir con instrumentos electrónicos. Se ha comprobado y documentado que a nivel celular se produce una rápida fluctuación de descargas eléctricas positivas y negativas. El método llamado fotografía de Kirlian ha hecho visible el normalmente imperceptible campo electromagnético que existe alrededor de todos los seres vivos. Científicos de todo el mundo han obtenido imágenes de estos campos o auras, como a menudo se denominan. Las imágenes revelan que algunos son casi invisibles mientras que otros son mucho mayores, más brillantes y coloreados. Las variaciones de intensidad y frecuencia no sólo se producen entre individuos diferentes, sino que también pueden producirse en la misma persona en distintos momentos. Se cree que la energía inherente a la valiosa e inimitable fuerza de la vida emite unas descargas que crean el aura de una persona. Cuando desarrollamos y liberamos nuestra energía interior, podemos aumentar la intensidad de estas señales eléctricas, lo cual podría explicar las «vibraciones» a las que tanto nos referimos y a las que todos inconscientemente reaccionamos.

Sea cual sea la naturaleza exacta de la atracción carismática, un individuo que desarrolle y perfeccione la capacidad de emitir todos los diferentes tipos de señales positivas maximizará su potencial carismático.

CUALQUIER PERSONA PUEDE DESARROLLAR SU CARISMA

El carisma es una combinación de habilidades relacionadas entre sí como la actitud, las características físicas y personales y el comportamiento social. Al igual que todas las habilidades, puede mejorarse con la práctica. Podemos entrenarnos para ser carismáticos al igual que podemos aprender a escribir a máquina, bailar, jugar al tenis o tocar el piano. Aunque a algunas personas les resulte más sencillo que a otras, con perseverancia todo el mundo puede mejorar notablemente su capacidad de atraer a los demás y ganarse su interés y su estima.

CAPÍTULO 3

Cómo despertar el poder carismático que hay dentro de ti: el Programa de Desarrollo del Carisma

El carisma es un derecho de nacimiento. Sólo se necesita aprender a reclamarlo.

CÓMO SE INICIÓ EL PROGRAMA DE DESARROLLO DEL CARISMA

Originalmente, desarrollé el programa en un esfuerzo por aumentar mi propia capacidad de atraer a los demás. Escogí, adapté y cuidadosamente utilicé las mejores herramientas psicológicas que tenía a mi disposición: docenas de libros de autoayuda y las utilísimas técnicas para aumentar la autoestima y modificar el comportamiento que aprendí en seminarios y consultas psicológicas. Y así creé una serie de ejercicios prácticos pensados específicamente para conseguir y posteriormente conservar esa aura carismática tan deseada.

CÓMO SE PROBÓ EL PROGRAMA Y SE DEMOSTRÓ SU EFICACIA

Como publicista, compartí estas técnicas con varios escritores durante más de cinco años, mientras trabajaba con ellos para reforzar sus cualidades carismáticas. En muchos casos, las vidas de estas personas empezaron a mejorar sensiblemente a medida que aprendían a emplear diversas formas de pensar y actuar, cómo obtener el mayor partido posible de sus atributos físicos positivos y ocultar los más desafortunados y cómo poner en práctica con éxito diferentes habilidades personales, físicas y sociales. Los que no abandonaron consiguieron desarrollar unas atractivas personalidades que les ayudaron a establecer nuevas amistades y nuevos romances, revitalizar relaciones ya existentes, enriquecer su trabajo, aumentar su productividad y contribuir enormemente a su felicidad y bienestar en general. Actualmente enseño cómo desarrollar el carisma a estudiantes adolescentes de la zona de Los Angeles. Dirijo talleres sobre el tema y ofrezco conferencias a grupos y empresas, utilizando las mismas técnicas que se revelaron tan eficaces en el caso de mis clientes escritores.

Tres meses después de asistir a uno de mis cursos, Karen, una chica de treinta y dos años de edad a quien yo recordaba como una persona agradable pero bastante corriente, entró en mi despacho con una intensa mirada brillante. «He venido porque tenía que contarte lo que me está pasando. Que yo recuerde, siempre he deseado desesperadamente sentirme especial y que la gente se fijara en mí. Bueno, pues mi sueño finalmente se ha convertido en realidad. Anoche fui a una fiesta sin conocer a casi nadie, y me marché conociendo prácticamente a todo el mundo. Todos se acercaban a mí para charlar o bailar. Me estaba mostrando tal como realmente soy y a todos les encantaba. ¡Qué sensación tan maravillosa! Y no sólo eso: todo me va muy bien. Disfruto más de las cosas de cada día, como hablar con otros clientes en el mercado o con las dependientas. Incluso me divierte saludar a la gente desde mi ventanilla de cajera en el banco. Me parece como si viera la vida con unos ojos diferentes, más felices.»

El Programa de Desarrollo del Carisma que ayudó a Karen también ha sido muy útil para profesionales del mundo del espéctaculo, la política, los negocios y otros ámbitos y para aquellas personas que tienen unas necesidades de imagen especiales.

TÚ ERES UN DEPÓSITO DE POTENCIAL INEXPLORADO

Aunque Karen se consideraba incapaz de proyectar carisma, descubrió que en realidad era un depósito de potencial inexplorado, y tú también lo eres. La perspectiva más interesante es que nadie pueda predecir exactamente en qué consiste ese potencial. Es ilimitado. Cuando abres la puerta de tu poder carismático y lo utilizas a tu favor, todos los objetivos que te propongas serán alcanzables.

¿Por qué no vivir todos los días de tu vida al máximo? ¿Por qué no mantener las gratificantes relaciones de amor y amistad que tanto has deseado y alcanzar el éxito en tu vida profesional? Puedes olvidarte de las limitaciones del pasado y conocer el éxtasis de alcanzar tus aspiraciones más anheladas.

¿Quieres ser más atractivo de lo que eres ahora? Tal vez quieres descubrir los secretos de desarrollar una fascinante personalidad que te ayudará a disfrutar más de las cosas buenas de la vida: el aprecio, el amor, el reconocimiento y las recompensas.

Sea cual sea el motivo principal por el que deseas ser una persona carismática, la sutil influencia de este poder impregnará y enriquecerá todos los aspectos de tu vida.

Transfórmate en la persona que siempre has deseado ser

Es posible que hayas leído que cualquier individuo puede desarrollar una personalidad de vencedor y ser atractivo, encantador e interesante, sin embargo, por algún motivo, dudas de tu capacidad para proyectar estas características. Tal vez has intentado ser más popular o cambiar tu aspecto o facetas de tu personalidad para intentar mejorar la impresión que causas a los demás, pero no has obtenido buenos resultados. Ahora puedes transformarte en la persona que secretamente siempre has deseado ser siguiendo un nuevo programa muy efectivo diseñado para aumentar tu capacidad de atraer a la gente.

Si sueñas con ser popular, que te acepten en los grupos más exclusivos, te observen, te admiren y busquen tu compañía, o si quieres tener influencia, poder o autoridad en tu vida personal o profesional, ésta es tu oportunidad de conseguir que tus sueños se hagan realidad. Tanto si deseas ejercer una atracción sutil como si deseas cautivar de un modo más activo, no te desanimes. Todas las personas pueden llegar a ser carismáticas. Muchos hombres y mujeres, jóvenes y ancianos, casados y solteros, famosos y ánonimos han alcanzado sus objetivos y han realizado sus sueños, y tú también puedes hacerlo.

¿Qué es el Programa de Desarrollo del Carisma?

El objetivo del programa consiste en ayudar al individuo a desarrollar su propio potencial carismático. Puede adaptarse a diferentes tipos de carisma, ya que lo mismo que puede ser una manifestación espontánea de carisma en el caso de una persona puede resultar artificial e ineficaz en el caso de otra. Su flexibilidad le permite satisfacer variadas necesidades y aplicarse a partir de diferentes grados de desarrollo. El programa está pensado para ayudar a adquirir y mejorar cada elemento del carisma genuino.

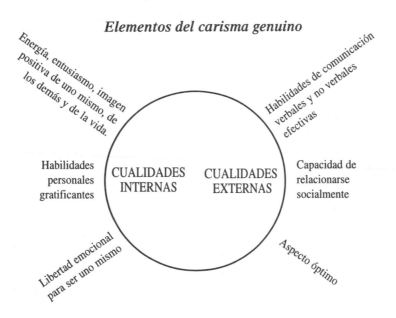

Elementos del carisma genuino

Energía, entusiasmo, imagen positiva de uno mismo, de los demás y de la vida.

Habilidades de comunicación verbales y no verbales efectivas

Habilidades personales gratificantes

CUALIDADES INTERNAS

CUALIDADES EXTERNAS

Capacidad de relacionarse socialmente

Libertad emocional para ser uno mismo

Aspecto óptimo

El carisma es la «realidad pulida» resultante de la combinación de todos estos elementos. Es la consecuencia de proyectar lo mejor de nosotros mismos a nivel físico, emocional, espiritual y de comportamiento.

El programa se divide en dos partes. La primera parte se centra en el desarrollo de la personalidad interior y se divide en dos fases. La primera fase consiste en identificar y liberarse de las actitudes que impulsan a una persona a reprimir su carisma natural. La segunda fase pone un énfasis especial en revitalizar la personalidad así como crear y mantener un aura carismática.

La segunda parte del programa se ocupa del desarrollo exterior de la persona, incluyendo técnicas para mejorar la comunicación verbal y no verbal y la capacidad de relacionarse en sociedad así como métodos para mejorar el aspecto físico personal.

Imagina lo que este programa puede significar para ti. Si has decidido unirte a los que recogen grandes beneficios derivados de su esfuerzo para crecer como persona, ¡prepárate para emprender una emocionante aventura!

PARTE 2

MEJORAR
TU INTERIOR

Capítulo 4

Identificar las creencias que bloquean tu carisma

Tu personalidad es la expresión exterior de tu interior.

Arlene Francis escribió en una ocasión que no merece la pena utilizar buen papel para empapelar una pared mal enyesada. Siguiendo el mismo criterio, es necesario preparar y cuidar adecuadamente los cimientos donde se apoya el atractivo de una persona. Aplicar retoques y acabados superficiales a la propia personalidad no sirve de nada si antes no nos hemos desprendido de las creencias negativas que bloquean nuestro carisma natural. Éstas forman parte de un sólido sistema de creencias que se esconde bajo nuestras emociones y nuestro comportamiento.

¿Cuál es el origen de estas creencias? Durante los primeros años de nuestra vida, confiamos en los demás y aceptamos lo que nos cuentan acerca de nosotros y del mundo. Nos aferramos a estas creencias infantiles aunque sean totalmente erróneas en el momento en que se forman o pierdan su idoneidad con los cambios que se producen con el paso de los años. Sin embargo, las reforzamos convenciéndonos de que son correctas y actuamos en consecuencia. Al adoptar esta actitud, las convertimos en profecías de realización personal. Inconscientemente, nos obligamos a ser lo que creemos que somos y hacemos que ocurra lo que esperamos que ocurra. Por ejemplo, las personas que se infravaloran a sí mismas pueden evitar situaciones que les permitirían experimentar el éxito. Emprenden tímidamente nuevos retos con gran inseguridad, pero no hacen todo lo que pueden por miedo a no hacerlo bien. Los malos resultados que obtienen al actuar de este modo refuerzan la creencia original de que no podían hacerlo bien. Este círculo vicioso que consiste en reforzar creencias negativas se repite una y otra vez condenando al individuo a no liberarse jamás de la timidez, la inseguridad, la insatisfacción y/o la infelicidad.

A pesar de que estas antiguas y jamás cuestionadas creencias, actitudes y filosofías sean capaces de envenenar nuestra vida y contaminar nuestro espíritu, normalmente permitimos que sigan intactas y nos impidan ser todo lo que somos capaces de llegar a ser. Algunas de estas creencias nos hacen irradiar una intensa energía negativa que repele a los demás y favorece un ambiente de nerviosismo y tensión.

Tu capacidad de atraer a los demás depende de tu capacidad de analizar cuáles son tus creencias y cómo te afectan.

El primer paso que realicé para cambiar mi actitud y mi comportamiento consistió en elaborar una lista de mis creencias básicas. Años más tarde, cuando trabajaba con escritores, me di cuenta de que muchas personas se aferran a las mismas creencias tóxicas. Entonces decidí hacer una recopilación de las más comunes y las dividí en tres categorías: valoraciones de uno mismo, expectativas irrealistas y engaños.

Reflexiona acerca de cada una de las siguientes creencias capaces de bloquear tu carisma y decide si forman parte de tu sistema de creencias. Si estás de acuerdo con la creencia descrita, te identificas con ella, piensas que en tu caso es cierta o afecta tu comportamiento, pon una señal en la línea situada junto al número. Si por el contrario no aceptas la creencia, no tiene nada que ver contigo o no consideras que influya en tu comportamiento, deja la línea en blanco. Algunas de las creencias son simples deseos u opiniones que muchos de nosotros tenemos pero se convierten en un problema cuando se exageran y entran en juego las expresiones «tengo que» o «debería». Analiza el grado de intensidad de cada una de ellas cuando decidas cuáles pueden aplicarse en tu caso.

CREENCIAS QUE BLOQUEAN EL CARISMA

Valoraciones de uno mismo

1 Es preciso (no sólo «me gustaría») que todo el mundo me apruebe, me acepte y/o me quiera.

Cuando los demás tienen una buena opinión de ti, te sientes de maravilla, pero cuando tienen una mala opinión, te deprimes y te sientes muy mal. La opinión que tienes de ti mismo depende de la opinión que los demás tengan de ti.

Eres capaz de llegar muy lejos para obtener la aprobación y evitar la desaprobación fingiendo o intentando ser como los demás quieren que seas, asumiendo varios papeles y viviendo en función de estereotipos impuestos por los demás, anteponiendo las necesidades y los deseos de todo el mundo a los tuyos propios. En ocasiones tu apetito de amor y aceptación puede parecer insaciable.

Te valoras constantemente basándote en la opinión de los demás.

2 Tengo que (no «quiero») hacerlo todo bien. Debería tener razón siempre y no cometer errores.

53

Cuando haces bien una cosa, te sientes bien contigo mismo; pero cuando no lo haces del todo bien, cometes un error o no consigues hacer algo, te sientes inútil.

Te resulta difícil tomar decisiones y dudas antes de intentar hacer algo nuevo porque no quieres arriesgarte a equivocarte o parecer incapaz de hacerlo.

Te valoras constantemente basándote en el éxito o el fracaso de tus actos.

3 | Me juzgo basándome en el sistema de valores de los demás y comparándome con otras personas.

Juzgo a los demás basándome en mi sistema de valores y comparándoles conmigo.

Debería ser diferente de como soy.

Cuando te comparas con los demás y compruebas que eres como ellos, te sientes bien, aceptable. Cuando les superas, te sientes superior, el mejor del mundo. Pero cuando ellos te superan a ti, te sientes inferior, de segunda categoría y miserable.

Dedicas mucho tiempo y esfuerzos a perfeccionarte, siempre luchando para ser bueno, mejor, el mejor. Te sientes intimidado por los que tienen más dinero, posición, poder, popularidad, belleza o inteligencia que tú. Sientes la imperiosa necesidad de poseer las cosas materiales que otros poseen o sientes el irreprimible impulso de seguir la moda —ya sea en el caso de ropa de un diseñador o un estilo de vestir concreto, un determinada marca de automóvil, un tipo de decoración para el hogar o un lugar de vacaciones— sólo porque está de moda, sin pararte a pensar si realmente te producirá placer. Necesitas formar parte del grupo.

Tal vez piensas que deberías ser más inteligente, más artístico o más científico, más extrovertido o más reservado de lo que eres, aunque vaya totalmente en contra de tu naturaleza.

Te valoras continuamente basándote en los demás y en estereotipos establecidos.

Deja de juzgarte

Las autovaloraciones se basan en la convicción de que debes aumentar y/o demostrar tu valor constantemente. No eres vulnerable porque seas realmente inferior, sino porque continuamente te comparas con los demás y te juzgas, menospreciando tu valor cuando crees que no estás a la altura de los demás. La opinión de los demás, lo bien que realizas diferentes tareas y la importancia que das a los valores de tu infancia o los de los demás determinarán si te aceptas y te gustas o te rechazas y te desprecias en un momento determinado. Mientras tu autoestima esté sujeta a estas influencias externas, permanecerás atrapado en una montaña rusa emocional que afectará gravemente tu moral y la impresión que causas a los demás.

Puedes detener este vertiginoso viaje si:

Aceptas que estás esencialmente bien tal como eres: perfecto aunque falible, con puntos fuertes y débiles, que es como debe ser.

Sabes que, aunque tal vez deseas mejorar, no tienes que ser más, mejor o diferente de lo que eres ahora. Tú eres tú, y eso es exactamente lo que debes ser.

Confía en tu propia valoración, prefiriendo seguir tu propio criterio en lugar del de otra persona y arriesgarte a cometer tus propios errores.

Cuenta contigo para superar los momentos difíciles (aunque en ocasiones resulte muy duro), sabiendo que puedes ayudarte a ti mismo en cualquier situación, por muy complicada que sea.

Observa, aprecia y aprende a admirar las buenas cualidades de tu interior, esa parte de ti que te hace ser la persona que eres.

Entonces ni la opinión de los demás ni un posible fracaso pondrán en peligro tu fe en ti mismo y la convicción de que eres una persona valiosa, digna de confianza y amor.

Expectativas irrealizables

4 Los demás deberían pensar, sentir y hacer las cosas como yo quiero.

Con frecuencia juzgas las opiniones y los actos de los demás y sientes el impulso de corregirlos. Si los demás se resisten y no consigues convencerles o manipularles según tu forma de pensar, normalmente te frustras y te enfadas.

¿Por qué es irrealizable esta expectativa?

Es irrealista porque la gente actuará en beneficio de sus intereses, de acuerdo con su naturaleza, independientemente de lo que tú digas o hagas. Sus percepciones, reacciones, preferencias y deseos se basan en creencias y actitudes derivadas de su propio conocimiento y sus experiencias. Y normalmente saben lo que les conviene mejor que tú. Si persistes en tu intento de hacerles pensar o actuar como tú quieres, problamente se mostrarán ofendidos y hostiles, no importa quien «gane». En cualquier caso, nadie resulta beneficiado.

Al igual que tu sistema de valores y tus objetivos pueden no ser válidos para los demás, los suyos tampoco tienen por qué ser adecuados para ti. No necesitas hacer realidad las expectivas de los demás ni dejar que decidan qué te hará feliz. Sólo tú puedes decidir lo que es mejor para ti. Tú eres el único que obtendrás los beneficios o sufrirás las consecuencias de tus decisiones. Todo el mundo debe buscar la felicidad en función de su propia naturaleza.

5 *Deberían* tratarme como quiero que me traten.

Piensas que los demás deben ofrecerte lo que a ti te parece correcto y deben tratarte cómo tú crees que mereces: apreciarte, confiar en ti o respetarte. O tal vez piensas que te deben ayuda, apoyo, consideración, atención o amor.

Cuando no recibes de los demás lo que esperabas, te sientes herido, ofendido o utilizado. Con frecuencia piensas que estás dando más de lo que recibes. Protestas, te quejas o te enfadas y reaccionas con agresividad.

¿Por qué es irrealizable esta expectativa?

Porque aunque pienses que mereces un buen trato, los demás te ven a través de sus propios ojos, de los filtros de sus propios prejuicios y preferencias. Reaccionan ante ti en función de sus propias actitudes, creencias, valores y deseos.

Cuando esperas que los demás te traten de una forma determinada, te expones a sufrir decepciones frecuentes. Cuanto menos esperes, mejor resultará para todo el mundo. Cuando esperes poco y recibas mucho, tendrás una agradable sorpresa; cuando no te traten muy bien, serás capaz de analizar la situación con calma y realizar los pasos necesarios para mejorarla en lugar de empeorarla iniciando una discusión o guardando rencor.

6 *Debería* obtener lo que quiero de la vida.

Crees que tienes derecho a obtener de la vida todo lo que desees, ya sea felicidad y realización personal, buena salud o éxito material. Cuando la vida no te lo proporciona, te sientes desilusionado y la culpas por ser injusta o demasiado dura. Tal vez piensas que los demás consiguen todo lo que desean.

Crees que la vida no debería imponerte nada que tú no desees: problemas económicos, mala salud o soledad, por ejemplo. Cuando las cosas no te van como desearías, maldices tu destino y tu mala suerte, o sientes que no es justo que tú tengas una vida tan difícil cuando los demás parecen tenerla tan fácil.

¿Por qué es irrealizable esta expectativa?

No llegaste a la vida con promesas de justicia. La vida no te garantiza ni te debe nada. Sólo tú puedes modelar tu vida. Si piensas que tu vida mejoraría si cambiaran algunas cosas, debes esforzarte para realizar estos cambios. Si te limitas a desear desesperadamente que la vida sea diferente, sólo conseguirás ser víctima de crisis emocionales. Luchar contra las situaciones inalterables es librar una batalla autodestructiva que está perdida de antemano, una forma de desperdiciar la energía que podrías utilizar para mejorar tu vida y de incubar actitudes hostiles que repelen todo lo bueno.

La gente que alcanza el éxito ha creado su propia suerte con previsión y perseverancia, se han esforzado para estar en el lugar adecuado en el momento oportuno y han forjado su envidiable destino con diligencia y determinación.

Eliminar las expectativas irrealizables

Las expectativas irrealizable suelen causar malestar. Cuando esperas obtener apreciación, ayuda o amor de los demás, o salud, riqueza o felicidad de la vida, no lo recibirás en abundancia simplemente porque lo desees. Si sólo eres feliz cuando tus deseos y tus exigencias pueden convertirse en realidad, lo único que conseguirás es sentirte desgraciado y enfrentarte eternamente a la decepción de no haber recibido menos de lo que esperabas.

Espera que los demás sean como son, que sean consecuentes con su propia naturaleza y busquen sus propios placeres. Entonces no te decepcionarán ni sentirás la necesidad de intentar que se comporten como no pueden hacerlo o jamás harán.

Si no obtienes lo que deseas de la vida, busca la forma de cambiar la situación. Conviértete en el arquitecto de tu propia vida y lucha por satisfacer los deseos de tu corazón; entonces comprobarás que la impotencia y la hostilidad desaparecen. No permitas que lo que no tienes, lo que no recibes de los demás o lo que no obtienes de la vida te impida disfrutar lo que tienes.

Engaños

| 7 | Sólo seré feliz cuando...

No puedo ser feliz porque...

Sólo serás feliz cuando, por ejemplo, encuentres a alguien a quien amar, con quien casarte o de quien divorciarte, te asciendan o tengas más dinero. Tal vez esperas ser feliz en el futuro porque algo te lo impide en el presente: una pierna rota, una enfermedad crónica, un trabajo que no te gusta o una relación tensa con tu cónyuge, hijos o padres. Tal vez eres incapaz de ser feliz en el presente debido a problemas o decisiones del pasado, como por ejemplo una inversión fracasada o la ruptura de una relación sentimental.

¿Cómo te estás engañando?

Si estás esperando a vivir realmente algo en el futuro, pensando que entonces las cosas serán diferentes y mejores, nunca podrás ser feliz en el presente, y eso es lo único que tienes seguro. Aun suponiendo que finalmente alcances el objetivo que ha de proporcionarte la felicidad, pueden surgir muchos problemas que impidan la realización de tu sueño. Tal vez lo que has conseguido ya no es lo que quieres o no es lo que pensabas que sería. Tal vez ahora crees que necesitas alcanzar un objetivo diferente para ser feliz. Entre tanto, no has podido disfrutar de las pequeñas alegrías de la vida cotidiana porque sólo eras capaz de ver las grandes insatisfacciones. Si estás jugando a esperar la felicidad, puedes esperar durante toda tu vida, porque tu futuro será siempre como tu presente. Si has decidido vivir malgastando el presente contando con que el futuro será mejor, recuerda: si el camino no proporciona la felicidad, el destino tampoco lo hará.

Si te obsesionas con el pasado, lamentando viejos errores, deseando poder revivir momentos de tu vida y reprochándote no haber aprovechado buenas oportunidades, estás llenando tu presente de insatisfacción y creando un nuevo pasado que lamentar

El pasado ya terminó, no puedes ni necesitas recuperarlo. Piensa en las vivencias del pasado como experiencias que te han convertido en lo que eres. Saborea los buenos recuerdos, aprende de tus errores, acepta tus fracasos y sigue adelante.

Si malgastas el presente esperando o preocupándote por el futuro y celebrando o lamentando el pasado, sólo conseguirás perder el ahora. Cuando llegué el mañana, ¿cómo recordarás el ayer que estás creando en este preciso instante? Estás construyendo nuevos recuerdos constantemente. ¿Serán maravillosos o te sentirás mal cuando pienses en ellos?

Las personas que mentalmente viven en el pasado o en el futuro no prestan suficiente atención al presente para que la vida de cada día pueda ser satisfactoria y gratificante.

8 | Hallaré la seguridad personal confiando en los demás.

Tu seguridad depende de saber con certeza que puedes contar con alguien que te cuide, te ayude y siempre esté a tu disposición. Esta persona puede ser el cónyuge, el novio o la novia, el padre, la madre o un hijo, cualquiera que esperes que te haga sentir seguro.

¿Cómo te estás engañando?

Mientras esperes que los demás te proporcionen seguridad, dependes de sus deseos, sus limitaciones y su estado de ánimo. El hecho de casarte, tener hijos o apelar a la lealtad de otra persona —ni siquiera reclamar tus «derechos»— no pueden garantizarte una seguridad real. La auténtica seguridad sólo se consigue dándote cuenta de que tú eres la persona en quien más puedes confiar y que puedes contar contigo pase lo que pase.

9 | Los demás tienen la culpa de mis problemas y yo no puedo hacer nada al respecto.

Piensas que tu vida estaría bien si no fuera porque alguien te crea problemas, como por ejemplo una entrometida hermanastra, un amante celoso o una madre manipuladora. La interferencia de estos individuos en tu vida parece ser inevitable e incontrolable.

¿Cómo te estás engañando?

Si permites que individuos problemáticos se inmiscuyan en tu vida, te maltraten o te utilicen, sólo tú eres responsable de ello. Tú tienes el poder de permitirlo o no. En la mayoría de los casos, ante estas situaciones siempre tienes la oportunidad de decidir.

Sin embargo, con frecuencia los demás no son la verdadera fuente de nuestros problemas. A veces culpar a los demás sólo es una forma de evitar asumir nuestra responsabilidad por nuestros errores. Considerar que otra persona es responsable de nuestros errores o fracasos es una actitud muy destructiva que evita que podamos experimentar el crecimiento emocional que se consigue al afrontar nuestros propios errores.

10 No puedo evitar sentirme triste la mayor parte del tiempo.

Con frecuencia te sientes mal. Tal vez estás preocupado, frustrado, ansioso, irritable o deprimido. Tu moral está baja con más frecuencia de lo que desearías y te sientes incapaz de mejorarla.

¿Cómo te estás engañando?

Esquivando la responsabilidad por tu estado emocional tendrás pocas oportunidades de mejorarlo. Puedes liberarte de las emociones negativas identificándolas, admitiendo su existencia, expresándolas y afrontando sus causas.

11 Cada cosa tiene su lugar. Cada pregunta tiene su respuesta. Las cosas son de una forma o de otra y deben hacerse de un modo determinado. Los cambios son peligrosos; es mejor seguir como siempre.

Tiendes a clasificar las cosas y las personas colocándoles unas etiquetas cuidadosamente preconcebidas. Consideras que casi todas las situaciones son blancas o negras, buenas o malas, y te niegas a analizarlas con mayor profundidad. Con frecuencia tu ley del «todo o nada» te condena a rincones desde donde debes luchar para proteger, defender y reforzar tus inamovibles puntos de vista. Exagerando la importancia y la finalidad de tus decisiones consigues crear una gran angustia.

Vives según una rutina que has creado, pero no te gusta debido a la monotonía de tu mundo. Te sientes más cómodo evitando las nuevas experiencias y los cambios que arriesgándote a penetrar en terreno desconocido.

¿Cómo te estás engañando?

Aparentemente, la rigidez en la forma de pensar y vivir proporciona cierto grado de seguridad emocional pero, en general, suele causar más problemas de los que soluciona. Cuando la mentalidad cerrada de una persona limita su creatividad, imaginación y espontaneidad, el aburrimiento y la apatía pueden apoderarse de su vida. La persona también se arriesga a padecer una gran tensión porque se empeña en clasificar todas las cosas, mantenerlas en lugar y convercerse a sí misma y a los demás de que debe ser así.

Al igual que los troncos de las palmeras se romperían cuando soplara un fuerte viento si no fueran flexibles, la presión supone una terrible amenaza para las personalidades rígidas. El mantenimiento de la integridad de la estructura de nuestra personalidad requiere un gran esfuerzo. Hasta que no aceptemos que todo en la vida es de diferentes tonos de grises y cambia constantemente, no podremos utilizar nuestra valiosa energía para disfrutar del calidoscopio de maravillosas experiencias de la vida.

| 12 | Tengo que cumplir con todas mis obligaciones con los demás antes de hacer cualquier cosa por mí.

Casi siempre que debes elegir entre hacer algo por otra persona o algo por ti mismo, decides hacer lo primero. Tu vida puede estar llena de tantas obligaciones que a penas tienes tiempo libre para disfrutarlo como quieras. A veces incluso te duele un poco ser tan poco egoísta.

¿Cómo te estás engañando?

Cuando antepones las necesidades y los deseos de los demás a los tuyos propios estás siendo altruista, una admirable cualidad que nos han enseñado a desarrollar. Te sientes obligado a responder a las exigencias de los demás. Dedicas tu tiempo a hacer cosas para satisfacer el interés egoísta de otras personas. Te gustaría que los demás antepusieran tus intereses a los suyos, sin embargo, cuando lo hacen, ellos se enfadan contigo, y cuando no lo hacen, tú te enfadas con ellos. Te sacrificas por ellos y esperas que ellos hagan lo mismo por ti. Esta actitud no favorece la felicidad de nadie.

Tú eres quien mejor sabe lo que te hace feliz y la responsabilidad de conseguirlo es sólo tuya. Si creas tu propia felicidad satisfaciendo egoístamente tus deseos y necesidades, contagiarás a los demás tu fantástico estado de ánimo. Hacer algo por los demás ya no será una obligación, sino una opción. Puedes ser amable con los demás y ayudarles sin dejar de preocuparte por ti mismo. Ser un poco egoísta es necesario y bueno, no malo.

13 En este mundo existen muy pocas personas buenas y amables.

Piensas que la mayoría de la gente es antipática, insensible y egocéntrica. Casi nadie se porta bien con los demás. Sólo intentan conseguir todo lo que pueden y, si tienen la oportunidad, se aprovecharán de ti.

¿Cómo te estás engañando?

En este mundo existen muchas cosas buenas y muchas cosas malas. Si buscas lo bueno, seguro que lo encontrarás. Sin embargo, si buscas lo malo, lo verás allí donde exista y lo crearás allí donde no exista. Mires donde mires, siempre encontrarás los aspectos más negativos de cualquier cosa o situación. Si observas el mundo desde un punto de vista negativo, es muy fácil quedar atrapado en un círculo vicioso de hostilidad. La gente que mantiene una actitud «yo contra el mundo» van por la vida buscando algo o alguien contra quien luchar, y normalmente lo encuentran.

A pesar de que la sociedad actual exija que algunos ciudadanos se protejan de los demás en ciertas ocasiones, no podemos permitir que la desconfianza se imponga en nuestra relación con los demás. Cuando ocurre esto, nuestra actitud poco amistosa y defensiva pone de manifiesto nuestras peores cualidades, reforzando así nuestra opinión de que los demás son mezquinos y no se puede confiar en nadie.

Sin embargo, una actitud positiva y amistosa pone de manifiesto nuestras mejores cualidades, reforzando la opinión de que una persona es agradable y se interesa por los demás. Ya que puedes elegir, ¿por qué no vives en un mundo rebosante de cosas positivas?

Ahora que has identificado las creencias que bloquean tu carisma, el siguiente paso para desarrollar genuino carisma consiste en liberarse de estos preceptos y las actitudes y sentimientos negativos que se derivan de ellos. No basta con desear cambiar tus creencias o tu forma de pensar o actuar, como bien sabrás si alguna vez has intentado sin éxito obligarte a hacer algo (dejar de fumar, adelgazar o ser más feliz, por ejemplo). Afortunadamente, existe una forma más eficaz de liberar tu magnetismo personal innato.

CAPÍTULO 5

Desbloquear tu potencial carismático

> *Mientras sigas pensando*
> *como siempre has pensado,*
> *seguirás sintiendo*
> *como siempre has sentido,*
> *actuando como siempre has actuado*
> *y obteniendo lo que siempre has obtenido.*

Recientemente, mientras esperaba para comprar unas entradas, oí la conversación de dos hombres que estaban justo delante de mí. Pocos minutos después de incorporarme a la cola, uno de ellos dijo: «Anoche estuve en una fiesta increíble. El grupo que tocaba era fabuloso, el cantante era genial y conocí a mucha gente interesante. Me acosté a las dos de la madrugada.»

Con voz ronca y profunda, que en cierto modo reflejaba turbación, el otro hombre respondió: «Tendría que haber ido contigo. Yo también estuve en una fiesta, pero fue un desastre. La música estaba demasiado alta y la gente era antipática y aburrida. Me cansé de perder el tiempo y me fui a casa a las nueve y media.»

Los dos hombres descubrieron pronto que ambos habían asistido a la misma fiesta.

Al escuchar aquella conversación, pensé en una amiga del instituto a la que llamaré Linda. La encontré el mes pasado mientras estaba haciendo la compra; no nos habíamos visto desde que terminamos el instituto. Decidimos ir a comer rápidamente para que después cada una pudiera reincorporarse a su vida cotidiana.

Yo sabía por amigos comunes que Linda estaba casada y que su marido, Mike, había resultado gravemente herido en un accidente de moto que le causó una parálisis parcial. A pesar de todo, no estaba preparada para lo que descubrí. Linda había cambiado radicalmente y ya no era la chica alegre y llena de vitalidad que yo recordaba, sino que se había convertido en una mujer triste y abatida. Me contó que el día que se enteró de que Mike estaba condenado a ir en silla de ruedas para siempre, supo que su vida se había arruinado. Ya no era capaz de recordar qué significaba sentirse bien o estar alegre, y pensaba que probablemente jamás volvería a experimentarlo de nuevo.

Tras despedirnos y mientras me dirigía hacia el aparcamiento, no pude evitar pensar en mi vecina Pam cuyo marido, Steven, padece la enfermedad de Parkinson y depende casi totalmente de ella. A pesar de que su vida debe de ser muy dura en muchos aspectos, a Pam todavía le gusta jugar al bridge, disfruta cuidando los rosales de su jardín y se alegra mucho cuando su hijo y su familia vienen a visitarla desde Arizona. Y, casi siempre, su simpático rostro se ilumina con ese tipo de sonrisas que hacen que uno se alegre de conocerla.

EL MISTERIO DE LAS EMOCIONES Y EL COMPORTAMIENTO

¿Por qué Linda y Pam, cuyos maridos están físicamente discapacitados, reaccionan de forma tan diferente ante una situación parecida? ¿Y por qué los dos hombres de la cola experimentaron la misma fiesta de formas distintas? La respuesta es que los sucesos externos no son la causa directa de las emociones y el comportamiento de las personas. Sus creencias y su percepción de los sucesos son los responsables de sus sentimientos y su actitud.

En ocasiones, tus reacciones y tu comportamiento pueden ser un misterio incluso para ti. Posiblemente no existe nada peor que la sensación de no saber qué los provoca y pensar que están fuera de tu control. En realidad, tus sentimientos y tus actos tienen una explicación, son en cierto modo predecibles y, en la mayoría de los casos, pueden controlarse. Tú sientes y actúas en función de lo que consideras cierto acerca de ti mismo y de tu mundo. Te sientes triste o alegre y actúas por el bien de tus intereses o en contra de ellos, dependiendo más de cómo ves la situación que de cómo es en realidad. La percepción de ti mismo y de tu mundo crea la realidad en que vives. Tu vida es una proyección de tus pensamientos y tus creencias.

Esto significa que, aunque seas incapaz de cambiar la esencia de tu personalidad o las circunstancias de la vida, puedes mejorar notablemente la experiencia de ambas transformando todas tus creencias negativas, destructivas o contraproducentes en positivas, constructivas y beneficiosas.

UN MÉTODO PARA CAMBIAR LAS CREENCIAS QUE BLOQUEAN EL CARISMA

Si el reconocimiento intelectual de un problema fuera todo lo necesario para cambiar la forma de sentir y actuar de un individuo, probablemente bastaría con una única visita al psicólogo o al psiquiatra para «curar» a la mayoría de pacientes. Sin embargo sabemos que no es así. Aunque tomemos rápidamente consciencia de los beneficios de eliminar una creencia errónea o negativa, y a pesar de que los cambios emocionales y de comportamiento se experimenten también con gran rapidez, los cambios en la forma de pensar suelen ser más lentos.

Las emociones necesitan más tiempo y perseverancia para aceptar nueva información que el intelecto. Al igual que un cambio en la forma de pensar produce un cambio de comportamiento, una modificación del comportamiento también ayuda a modificar tu pensamiento. Las formas de pensar, sentir y actuar están interrelacionadas. Como cada una influye en las demás, el método más rápido y efectivo para cambiar consiste en analizar cada problema desde tres perspectivas diferentes: intelectual, emocional y de comportamiento.

Yo experimenté con varios sistemas para conseguirlo y finalmente establecí un método muy práctico que se basa principalmente en dos filosofías psicológicas muy importantes.

La primera es la Terapia Racional-Emotiva, del doctor Albert Ellis, que ha sido objeto de estudio por muchos psicólogos interesados en el comportamiento humano y en la actualidad la utilizan miles de profesionales de la salud mental para tratar a sus pacientes. Es posible que reconozcas que los mismos conceptos constituyen la base de las terapias cognitivas y realistas. La segunda filosofía es la que el doctor Maxwell Maltz expone en su conocida obra Psycho-Cybernetics.

Recomiendo la lectura de *A New Guide to Rational Living*, del doctor Ellis, y *Psycho-Cybernetics*, del doctor Maltz. Ambas obras han ayudado a muchos de sus lectores a mejorar sus vidas.

ORDENA TU ARMARIO MENTAL

Puedes ordenar tu cabeza al igual que ordenarías un armario. Deshazte de todo lo que te queda pequeño, te resulta incómodo o te limita y no te proporciona ninguna ventaja ni te ayuda a conseguir los resultados que deseas. Reemplaza las cosas viejas por nuevas hasta que tengas un hermoso y bien organizado armario lleno de creencias y actitudes que te sienten bien.

Experimentarás la emoción de nuevos descubrimientos, la satisfacción de nuevas comprensiones y el alivio de liberarte de principios que han supuesto una carga para ti desde que eres capaz de recordar.

A medida que ordenes tu armario mental, perderás el miedo a abrirte por completo a la vida y a los demás, y te quedará mucho espacio libre para guardar las maravillas que ayudan a crear y mantener ese aura carismática tan deseada.

Revisa tus antiguas creencias. Rebélate contra la decisión de aceptar ser menos de lo que quieres o puedes ser, obtener menos felicidad de la vida y de los demás de la que deseas o tener menos de lo que eres capaz de conseguir.

ELIMINA LAS CREENCIAS ANTICUADAS QUE BLOQUEAN TU CARISMA

Rechaza la creencia intelectualmente.
PRIMER PASO: IDENTIFICA LA CREENCIA BÁSICA.

Si tienes un comportamiento o una emoción no deseados que no parece tener relación con las creencias que bloquean tu carisma y que ya has identificado en el capítulo cuarto, busca las raíces del problema preguntándote por qué actúas o te sientes de este modo. Analiza cualquier discrepancia entre lo que piensas que crees y tus verdaderos sentimientos

71

o actos, intentando descubrir la idea que realmente los provoca. Con frecuencia la creencia que descubras contendrá las expresiones: «debo», «no debo», «debería», «no debería», «tengo que» o «no tengo que».

SEGUNDO PASO: CUESTIONA LA LÓGICA DE LA CREENCIA.

Pregúntate si podrías estar equivocado con relación a esta creencia. ¿Se basa en algún hecho o es una suposición infundada? Cuestiona su validez debatiendo todos los argumentos que la apoyen. Busca inconsistencias y defectos y establece su mérito en función de la felicidad que te proporciona. (Tal vez te resultará útil revisar las exposiciones que siguen a cada creencia en el capítulo cuarto.)

TERCER PASO: HAZ QUE TU DIÁLOGO INTERIOR TRABAJE A TU FAVOR.

En nuestro interior se producen continuamente diálogos interiores. En algunas ocasiones les prestamos más atención que en otras, pero es una realidad que todos experimentamos. Este diálogo con uno mismo ejerce una gran influencia sobre nuestra forma de sentir y actuar. Puede interrumpirse y reconstruirse y, por este motivo, es posible precipitar cambios radicales en nuestras creencias, actitudes, sentimientos y comportamientos que, colectivamente, constituyen nuestra personalidad.

Presta atención a lo que te dices a ti mismo acerca de la creencia no deseada. Niégate a aceptar cualquier afirmación interna negativa o absolutista y atácalas explicando por qué son exageradas o inapropiadas.

Rechaza la creencia emocionalmente.

CUARTO PASO: ENFÁDATE.

Cuando adquiriste la creencia, era una idea acompañada de emociones, de modo que las emociones son eficaces herramientas para deshacerte de ella. Muestra tu indignación porque esta creencia te ha limitado innecesariamente, tal vez te ha esclavizado, durante tanto tiempo. Toma la firme decisión de deshacerte de ella de una vez por todas.

QUINTO PASO: HAZTE BUENA PUBLICIDAD DE TI MISMO.
Normalmente existe un lapso de tiempo entre la aceptación intelectual y la emocional de cualquier concepto. Este período crítico puede utilizarse para adoctrinarte en contra de la creencia que intentas eliminar. Puedes conseguirlo empleando cualquier combinación de las siguientes técnicas psicológicas que, después de probarlas, compruebes que funcionan mejor en tu caso.

Inmersión
Sumerge tu mente en un océano de información inundándola con libros, artículos, cintas, conferencias, seminarios y grupos de apoyo que traten diferentes temas psicológicos, como por ejemplo la psicología de la imagen personal y los cambios de comportamiento, o temas más específicos relacionados con la creencia que te preocupa.

Afirmaciones
Las afirmaciones son frases positivas que repites hasta que consigues asimilarlas plenamente a nivel subconsciente.

Cuando eliminas las creencias que bloquean tu carisma, es importante que las reemplaces con estas alternativas positivas. Repite varias veces tu afirmación en voz alta. Grábala en una cinta y escúchala una y otra vez. Escribe la nueva creencia repetidamente. Escribe notas y colócalas en el espejo del baño, la nevera, el tablero del coche y tu mesa de trabajo: en cualquier lugar donde las veas con frecuencia. Combinando los conceptos de inmersión y sugestión

73

subliminal, las afirmaciones pueden acelerar el proceso de eliminación de creencias negativas.

Imágenes mentales

Tu sistema nervioso no puede diferenciar las experiencias reales de las imaginarias, y por este motivo las imágenes mentales pueden resultar de gran utilidad para reestructurar actitudes, reacciones emocionales y comportamientos no deseados que son el resultado de las creencias irracionales.

Confecciona unas imágenes mentales de ti mismo sintiendo y comportándote como quieras en cualquier situación en la que normalmente una creencia que bloquea tu carisma dicta tus emociones y tu comportamiento. Repítelo con frecuencia y los actos y la reacciones que imaginas se irán manifestando en tu experiencia real. Esta práctica mental ayuda a desarrollar nuevos hábitos emocionales y de comportamiento.

La visualización funciona mejor cuando la persona está suficientemente relajada para evitar el contacto con la mente crítica, analítica y consciente, que sólo contribuye en un doce por ciento al funcionamiento global de la mente. Entonces puedes concentrarte en la información que proporcionas directamente al subconsciente, que es la parte más receptiva y constituye el ochenta y ocho por ciento restante. Para alcanzar este estado de relajación, puedes utilizar técnicas propias de la autohipnosis, la regresión, la meditación o la supresión de tensiones.

Rechaza la creencia con tu comportamiento.

SEXTO PASO: LUCHA EN SU CONTRA.

Actúa contrariamente a los dictados de tu creencia negativa mientras mantienes un diálogo interior positivo. Elimina

74

todos los pensamientos negativos que intenten surgir en tu mente.

SÉPTIMO PASO: ACTÚA «COMO SI».

Esta conocida técnica consiste en comportarse como si ya se hubiera producido el cambio deseado.

Finge que te has liberado de tu creencia no deseada y la has reemplazado satisfactoriamente por una creencia positiva e intenta sentir y actuar en consecuencia. Aunque al principio te parecerá muy artificial, mantén el nuevo comportamiento y gradualmente te sentirás más cómodo con él. Pronto tu antiguo comportamiento te parecerá extraño y el nuevo se habrá convertido en tu «nuevo yo». Los sentimientos y las emociones siguen a los actos.

OCTAVO PASO: RECOMPÉNSATE POR EL TRABAJO BIEN HECHO.

Felicítate y concédete un premio cuando hayas intentado algo nuevo, especialmente difícil, o hayas alcanzado un logro que deseabas desde hacía mucho tiempo.

TU CAMINO PERSONAL HACIA LA ZONA DE BIENESTAR EMOCIONAL

Cada una de tus creencias no deseadas pueden necesitar una combinación de técnicas diferente y, en algunos casos, no será necesario realizar los ocho pasos.

Algunas creencias se transforman casi milagrosamente, mientras que otras requieren un gran esfuerzo. Probablemente descubrirás, al igual que muchas otras personas que han puesto en práctica este sistema, que con el esfuerzo continuado y la práctica de cambiar creencias, cada vez necesitarás menos tiempo para alcanzar tus metas.

Es posible que nunca te hubieras dado cuenta de que tu comportamiento a veces es irracional. Cuando empieces a trabajar en las creencias que bloquean el carisma y causan este comportamiento, te darás cuenta de que no actúas correctamente, pero sólo después de haberlo hecho. En poco tiempo serás capaz de reconocer estas reacciones en el momento en que se producen, pero seguirás siendo incapaz de controlarlas. El siguiente paso consiste en saber qué estas haciendo y ser capaz de cambiarlo mientras ocurre. Finalmente conseguirás reaccionar de la forma deseada en situaciones que antes te causaban problemas. Merece la pena liberarte de tus creencias destructivas, ya que gracias a ello podrás cambiar tu personalidad.

Recuerdo que, después de los primeros intentos con éxito de cambiar mis creencias, mi autoestima empezó a aumentar notablemente. Cuando me encontraba en una situación delicada, inmediatamente identificaba mi problema y pensaba en lo que tantas veces me había repetido a mí misma. Empecé a disfrutar del placer de superar las limitaciones que sólo yo me había impuesto. A medida que mi entusiasmo aumentaba, también aumentaba el placer de conseguir un nuevo éxito. Para mí se convirtió en una especie de juego. Una por una, todas las dificultades que tanto me habían hecho sufrir en el pasado parecían desaparecer con increíble facilidad.

Finalmente recuperé la libertad para ser yo misma y descubrí que era divertido. A lo largo del proceso, conté con el apoyo del sentido del humor, que me ayudó a transformar los errores más escandalosos en equivocaciones aceptables y, a veces, incluso cómicas y simpáticas. Conseguí realizar con éxito tareas que antes no me había atrevido a emprender y aprendí a ver los inevitables errores que todos cometemos como experiencias muy valiosas de las que podía aprender. Me di cuenta de que exagerar mis problemas los hacía todavía más grandes, y que exagerar mis alegrías también las hacía más grandes, o al menos así era como yo las percibía.

Gracias a este crecimiento interior, desarrollé una serie de conceptos básicos que considero responsables del mantenimiento de mi pasión por la vida y el éxito que normalmente tengo con la gente. Con los años he compartido estos conceptos con escritores, alumnos y profesionales de todo tipo, y entre todos les hemos puesto el nombre de «el Credo del Carisma».

EL CREDO DEL CARISMA

Sin autovaloraciones, expectativas irrealistas ni engaños, intentaré:

Aceptar la vida tal como es: imprevisible, repleta de desafíos, en ocasiones difícil, pero con una miríada de oportunidades para la realización personal.

Aceptar a los demás tal como son sin intentar juzgarles, impresionarles, controlarles, manipularles, convencerles ni cambiarles.

Aceptarme, confiar y creer en mí, serme fiel, depender de mí, y gustarme tal como soy: cambiando, aprendiendo, creciendo, mejorando.

Prestar atención y convertir en realidad mis objetivos y mis sueños, revisando con frecuencia si el camino elegido me sigue haciendo feliz.

Vivir y amar plenamente con todo mi ser, sabiendo que en ocasiones podrán herirme, pero comprendiendo que eso, también, forma parte de la maravillosa experiencia de vivir.

Extraer todas las pequeñas alegrías de cada día y de cada momento, recordando el pasado y haciendo planes de futuro, pero sólo viviendo el ahora y pensando en cómo puedo conseguir que sea el mejor ahora que he conocido.

Cuando llega la auténtica felicidad, el auténtico atractivo le sigue a continuación. Te deseo que puedas disfrutar de los dos.

CAPÍTULO 6

Ejercitar tu carisma

*Cuando hagas que tu yo interior
sea más visible, los demás ansiarán
tu compañía, se complacerán
con tu amistad y te demostrarán su amor,
dscubrirás la verdadera esencia de la vida.*

Uno de los pasos más importantes para mejorar tu personalidad es cambiar aquellos comportamientos que impiden el flujo de tu carisma natural. Tal vez estás ocultando cualidades muy positivas que resultarían muy atractivas para los demás.

Al principio, la adquisición de hábitos de pensamiento, sentimiento y comportamiento propios del carisma requiere un esfuerzo importante. Con la práctica, sin embargo, el hábito carismático de pensar positivamente y vivir libremente, sin prejuicios que repriman algunos aspectos de nuestra personalidad, se convierte en una actividad tan automática como conducir un automóvil.

Si conduces, recuerda la primera vez que te pusiste detrás del volante y pensaste que nunca serías capaz de dominar el coche, estar atento a las señales y a los demás automóviles, accionar correctamente los pedales de embrague, acelerador y freno, y al mismo tiempo decidir cuál era el mejor trayecto para llegar a tu destino. Sin embargo ahora puedes hacer fácilmente todas estas cosas y, al mismo tiempo, arreglarte el pelo, cambiar la emisora de radio, hablar con tus acompañantes y llegar a tu destino prácticamente sin darte cuenta de cómo lo has hecho. Cuanta más experiencia conduciendo tienes, menos concentración necesitas. Ser una persona carismática también se convierte en un hábito natural cuando se práctica con regularidad, lo cual puede conseguirse realizando los ejercicios diarios para desarrollar el carisma.

EJERCICIOS DIARIOS PARA DESARROLLAR EL CARISMA

Cada individuo necesita diferentes ejercicios, puesto que las creencias, necesidades y hábitos individuales varían mucho de una persona a otra. Puedes utilizar cualquiera de los ejercicios propuestos a continuación o inventar los tuyos propios. Simplemente debes decidir en qué aspectos necesitas ser más positivo y más abierto y diseñar un ejercicio que te permita experimentarlo. Estos ejercicios deben realizarse a diario durante un tiempo hasta que el objeto del ejercicio se convierta en un hábito.

Ejercicio 1
Elabora una lista de todas tus cualidades positivas y éxitos del pasado. Léela tres veces al día como mínimo.

¿Normalmente eres negativo con respecto a ti mismo? Cuando piensas en ti, ¿recuerdas tus errores y fracasos en lugar de tus logros? Y cuando piensas en tu aspecto físico o tu comportamiento, ¿te fijas más en las cosas que no te gustan que en las cosas que te gustan?

Resulta muy difícil sentirse relajado y cómodo y mostrarse abierto con los demás cuando sólo te concentras en los aspectos negativos de ti mismo. Después de todo, ¿quién quiere mostrar todo eso para que lo puedan ver los demás? Y si tú piensas sobre todo en estos aspectos negativos, creerás que los demás también los ven, tanto si es cierto como si no. Todos tenemos defectos. Lo que decidas que merece tu atención influirá en cómo te sientes contigo mismo y, por extensión, en tu comportamiento.

Para liberarte de este hábito, puede resultarte muy útil elaborar una lista de todas tus cualidades positivas y éxitos alcanzados en el pasado y leerla a menudo. Repásala especialmente en aquellos momentos en que pienses en ti mismo negativamente. La lista te recordará que puedes centrarte en tus cualidades positivas.

Ejercicio 2
Piensa y habla sin criticar durante treinta minutos.

¿Es más probable que te fijes en la atractiva sonrisa de un desconocido o en la palidez de su rostro, en la intensidad de su mirada o en que tiene los ojos pequeños y muy juntos? Buscar cosas que criticar en los demás es una extensión de ser demasiado duro con uno mismo. Del mismo modo en que concentrarte en tus fracasos puede evitar que te gustes tanto como podrías y comunicar ese hecho a los demás, si sólo te fijas en los aspectos negativos de los demás tampoco podrás proyectar las vibraciones positivas tan propias del carisma.

Este ejercicio puede ser de gran utilidad para todas aquellas personas que habitualmente, a menudo sin darse cuenta, se critican a sí mismas y a los demás.

Ejercicio 3
Haz una cosa que en el pasado te haya hecho sentir violento.

Si a veces tienes miedo de parecer torpe o inepto ante los demás y este miedo te impide arriesgarte a emprender tareas desconocidas o participar en nuevas actividades, tal vez estás sacrificando innecesariamente una parte muy valiosa de tu personalidad. Aquellas personas seguras de sí mismas que se atreven a correr riesgos emocionales despiertan nuestro interés y admiración.

Puedes aprender a no sentirte violento en determinadas situaciones forzándote a experimentarlas hasta que ya no te hagan sentir vergüenza. Por ejemplo, puedes devolver un artículo defectuoso a una tienda, preguntar por una dirección a un transeúnte en la calle o comer en un restaurante elegante a solas. Tal vez necesitas practicar decir «no» o «no me importa». Es importante adquirir el hábito de pedir lo que quieres o necesitas y expresar tus preferencias.

Si te acostumbras a ver el lado humorístico de tus inevitables errores conseguirás que las situaciones más violentas se conviertan en divertidas, y también aprenderás a no perder la seguridad en ti mismo, tan característica de las personas carismáticas en las situaciones más difíciles. Si te deprimes cuando cometes errores por torpeza, aprende a aceptarlos mejor chocando intencionadamente contra una puerta mientras los demás estén mirando, por ejemplo, y anímate a no tomarlo tan en serio. Con el tiempo conseguirás no perder la confianza en ti mismo incluso cuando te dés cuenta de que llevas la cremallera abierta o alguien ignore que le tiendes la mano.

Ejercicio 4
Participa en una actividad infantil.

Para seguir las normas de nuestra sociedad, debemos reprimir nuestros comportamientos y sentimientos infantiles, pero con frecuencia llevamos este proceso demasiado lejos, eliminando también algunas de las cualidades más atractivas de nuestro yo interior. Cuando nos adaptamos a lo que los demás esperan de nosotros, nuestro comportamiento natural se ve afectado por reglas, restricciones y normas de etiqueta que nos obligan a reducir la posibilidad de divertirnos, reprimir la desenfadada emoción de descubrir cosas nuevas, no expresar nuestro asombro por las maravillas del mundo, disimular un interés desmesurado por las personas y los objetos que nos rodean, no confiar plenamente en nuestro instinto, no dejarnos absorber completamente por actividades interesantes y reprimir la espontaneidad.

Al igual que los animales saben cómo ser ellos mismo, los niños también lo saben: sin fingir ni utilizar mecanismos de defensa. Son refrescantes. Dicen lo que piensan y cómo se sienten. Los niños se maravillan ante la belleza de la naturaleza y esperan que el mundo sea divertido y amable con ellos. Se dan permiso para ser como son, deseosos de expresar su inmesa y pura energía natural. Tú puedes recuperar algunas de estas cualidades descontrolándote un poco de vez en cuando.

Concédete permiso para satisfacer tu curiosidad, fantasear, jugar o hacer un poco el tonto. Monta en un columpio, baja por un tobogán y juega en el suelo con tu hijo. Recuerda lo divertido que resulta ser simplemente tú mismo.

Al igual que la dignidad es necesaria en algunas ocasiones, jugar y divertirse también lo son, porque nos recuerdan qué se siente al ser realmente libre. Intenta ser un humano no adulterado y expresa tu genuino amor por vivir, y la fuerza de tu corazón te ayudará a aumentar tu capacidad de disfrutar la vida y conseguir que los demás te consideren interesante.

Ejercicio 5
Saluda a una persona desconocida como mínimo.

Los individuos carismáticos se abren instantáneamente a los demás. ¿Te resulta difícil acercarte a un desconocido con una sonrisa confiada y un comentario apropiado? La práctica te ayudará a que te resulte más fácil y puede mejorar mucho la respuesta que obtienes de los demás.

Saluda a un desconocido todos los días. Si el mero hecho de pensar en ello te causa ansiedad, te puede ayudar decidir de antemano con quién hablarás y pensar exactamente qué le dirás. Puedes empezar eligiendo a alguien que conozcas superficialmente, como por ejemplo la cajera de un supermercado o una persona que trabaje en el mismo edificio que tú. Si te resulta muy difícil, primero visualiza mentalmente que consigues hacerlo con éxito. Después aumenta el número de personas a quienes saludes todos los días hasta que se convierta en un hábito agradable y divertido.

Los demás pensarán que eres una persona muy especial, porque con tu cálida sonrisa y tu simpatía les proporcionas unos instantes de alegría.

EJERCICIOS DIARIOS PARA AUMENTAR EL CARISMA

Al igual que tu cuerpo, tus sentimientos positivos también necesitan ejercicio para mantenerse en forma. Mantenlos fuertes y sanos practicando ejercicios para aumentar el carisma. Te ayudarán a mejorar tu estado de ánimo y te permitirán ver todas las cosas positivas que tan a menudo pasamos por alto. Estos ejercicios de gran utilidad para todo el mundo y deben practicarse con regularidad.

Ejercicio 1
Números especiales.

Elige un número y fíjate en él siempre que lo veas: en placas de matrícula, en direcciones o en el reloj. Al ver este número recuerda lo afortunado que eres por disponer de hoy: tienes una oportunidad de veinticuatro horas para ser feliz. Agradece el regalo de la vida y la libertad de llenar todos sus valiosos e irrepetibles momentos con pensamientos y experiencias positivos y gratificantes. Recuerda que eres lo que haces día a día y que sólo tú puedes elegir ver sonrisas o malas caras. Proponte que este día sea especialmente agradable. Es muy probable que veas tu «número elegido» al menos una vez al día, y entonces te esforzarás para conseguir que cada día sea especial. Recuerda: si no te gusta el ahora, probablemente nunca te gustará el mañana.

Ejercicio 2
Recordatorios.

Es muy fácil no centrarse en los aspectos de la vida que realmente tienen sentido para nosotros, permitir que las dificultades y las decepciones momentáneas se apoderen de nosotros y nos obliguen a dedicar la mayor parte de nuestro tiempo a personas y actividades que no contribuyen a nuestra realización personal.

Elige un objeto familiar (un semáforo o una valla) y, cada vez que lo veas, recuerda la sensación de vulnerabilidad y limitación que la mayoría experimentamos cuando asistimos a un funeral. Entonces piensa: «¿Cómo y con quién estoy pasando mi limitado tiempo?» Hazte el propósito de ver o hablar con una persona que te guste o hacer una cosa que te haga sentir bien. Haz planes para hacer lo que has dejado pendiente —llama a tu madre o soluciona el malentendido de la semana pasada con tu amigo— porque nadie dispone de toda la eternidad para hacerlo.

Muchas personas han tenido que padecer un ataque al corazón o enfrentarse a la muerte para darse cuenta de lo que realmente es importante para ellas. No esperes a que una crisis te obligue a darte cuenta de lo que te estás perdiendo.

Vive cada día como si fuera el último sin dejar de hacer planes de futuro y esperar con ilusión el mañana.

Ejercicio 3
Unos minutos de vacaciones.

Quítate mentalmente los zapatos, cierra los ojos y disfruta del hecho de estar vivo. Cuando vives deprisa, te pierdes lo mejor que te ofrece la vida. En lugar de correr e ir con prisas durante cincuenta semanas al año y después intentar recuperar la calma y la tranquilidad de todo un año durante dos semanas de vacaciones, tómate unos minutos de vacaciones todos los días: momentos de reflexión y tranquilidad repartidos entre la agitada actividad diaria para darte realmente cuenta de lo que estás mirando y apreciar las maravillas que te rodean.

Párate un momento a disfrutar de la fragancia de una flor, la calidez del abrazo de un ser querido o la fantástica observación de una diminuta mariquita que te hace cosquillas en la palma de la mano. Disfruta de un maravilloso momento de paz, celebrando los milagros de la naturaleza: una salida de sol que ilumina el mundo o una puesta de sol irradiando su espléndido colorido. Siente la emoción de una tormenta o el frescor de los copos de nieve. Por unos instantes, siéntete satisfecho de poder ocupar un lugar en el increíble mundo de la naturaleza. Sé consciente de que sólo eres una minúscula parte del conjunto y de la relativa insignificancia de los problemas de la vida cotidiana.

Cuando dejas de obsesionarte por el reloj, tienes la posibilidad de experimentar muchos de los mejores momentos que te ofrece la vida. La capacidad de disfrutar de las cosas sencillas de la vida es una característica de las personas emocionalmente sanas que poseen un gran potencial, tal vez aún por desarrollar.

Ejercicio 4
Amigos de espejo.

Comienza y finaliza todos los días mirando fijamente el reflejo de tus ojos en el espejo y diciendo: «Te quiero, (tu nombre).» Siempre que pases por delante de un espejo, mira tu imagen y dedícate un guiño, una sonrisa, una mirada o un saludo; en voz alta o en silencio, expresa tu amor por ese amigo tan especial que hay dentro de ti. Esto sólo requiere unos segundos y, aunque pueda parecer tonto, de hecho es un método muy efectivo para aumentar tu autoestima y recordarte que siempre puedes contar contigo mismo.

Después de haberlo puesto en práctica durante años, todavía siento cosquillas al mirar mis ojos reflejados en un espejo y ver ese brillo especial, esa inconfudible mirada que tan bien conozo. En estos instantes puedo saludarme con alegría y apreciar la «nueva yo» que he creado.

Ejercicio 5
Reflexiones al anochecer.

Todas las noches antes de acostarte, en lugar de pensar en los problemas que has tenido durante el día o que te esperan al día siguiente, tómate unos minutos para recordar y saborear los buenos momentos del día, o lee pasajes de un libro que te inspire. En este momento del día, se produce una intensa interacción entre la mente consciente y la subconsciente. Si pasas estos momentos pensando en los aspectos más felices y gratificantes del día y concentrándote en pensamientos positivos, los sentimientos positivos tenderán a ser más duraderos.

COMPORTAMIENTOS PARA MANTENER EL CARISMA

Los siguientes comportamientos son esenciales para expandir y perpetuar el espíritu carismático.

Comportamiento 1

Cultiva una valiosa amistad. La persona de quien estás más cerca, con quien inevitablemente tendrás que pasar el resto de tus días, compartiendo penas y alegrías, éxitos y fracasos, buena y mala salud, y con quien jamás podrás enfadarte lo suficiente para perder de vista eres tú mismo. Aunque tengas que mantener una relación contigo mismo durante toda la vida, es posible que no te estés tratando muy bien ni te dediques tanto respeto ni consideración como dedicarías a un simple conocido.

Tu forma de verte, sentirte y tratarte a ti mismo son muy importantes porque determinan cómo experimentarás la vida y cómo te percibirán los demás. La imagen que tienes de ti mismo puede favorecer o perjudicar tu satisfacción y tu actuación personal. Recuerda que en tu interior existe una persona de la que puedes conseguir que siempre esté a tu lado, alguien con quien siempre puedes contar en los malos momentos y con quien puedes compartir los buenos. Ninguna relación puede darte tanto como una relación satisfactoria contigo mismo. Conviértete a ti mismo en tu primer amigo y los demás te seguirán. Cultiva una amistad con la persona que hay dentro de ti siguiendo estos consejos:

Trátate con amabilidad, educación y consideración.
Esto significa no culparte, colocarte etiquetas, insultarte, infravalorarte ni criticarte con malicia. Si no te tratas bien, puedes olvidar tu deseo de cambiar porque los cambios se producen en un clima emocional cálido que favorece la aceptación. Mientras luches contra ti mismo, estarás librando una batalla interior que alimentas continuamente. Para cambiar, necesitas la ayuda de ese pequeño amigo que existe dentro de ti. Trata a tu yo interior como tratarías a cualquier persona que te ayude, de lo contrario saboteará todos

tus intentos de cambiar o alcanzar tus objetivos. Tu meta consiste en sentirte bien contigo mismo para poder crecer y cambiar, no cambiar para poder sentirte bien.

Concédete el beneficio de la duda.
Cuando algo sale mal, no busques instantáneamente tus errores y tus defectos para poder culparte por ello. Confía en tus virtudes y cualidades y olvida tus defectos. Según las leyes de la naturaleza, tú eres perfecto tal como eres. Es normal que tengas defectos y, si no cometes errores, es que no estás vivo.

Apóyate cuando te enfrentes a tareas o situaciones nuevas y difíciles.
Para poder sentirte libre y abrirte emocionalmente a los demás, necesitas sentirte seguro. La forma más efectiva de construir unos cimientos seguros sobre los cuales basaremos nuestra actitud ante los demás es conseguir todo el apoyo que necesitamos de nosotros mismos. Cuando sabemos que una parte de nosotros mismos está ahí para ayudarnos, desarrollamos la seguridad necesaria para atrevernos a correr riesgos emocionales con los demás.

Resulta muy sencillo apoyarte a ti mismo cuando todo va bien y no tienes ningún problema, pero si eres capaz de hacerlo cuando las cosas no van tan bien, entonces sabrás que tienes un verdadero amigo. Felicítate siempre por un trabajo bien hecho, un riesgo emocional superado con éxito o una situación difícil bien resuelta al igual que felicitarías a tu mejor amigo.

Construye tu seguridad y confianza recordando que siempre prodrás contar contigo pase lo que pase y que, con el apoyo de tu amigo interior, puedes conseguir cualquier cosa.

Mantente fiel a tus valores.

El respeto por uno mismo se consigue siendo fiel a los valores más importantes para ti, haciendo lo que consideras correcto independientemente de lo que los demás opinen de tus decisiones.

Complicidad interior.

Disfruta de bromas y secretos privados que sólo compartes contigo mismo. Crea expresiones privadas que sólo tengan sentido para ti. Aprecia tu idiosincrasia y aprende a reír y divertirte contigo mismo. Canta siempre que sea posible, mientras conduces o te vistes, por ejemplo. Esta actitud te ayudará a establecer una intensa relación contigo mismo que valorarías mucho si mantuvieras con otra persona.

Experimenta placer.

El carisma está íntimamente relacionado con la capacidad de proporcionar y compartir placer. ¿Obtienes suficiente placer para sentirte bien? El placer afirma la vida y proporciona la energía necesaria para crear.

En mis clases sobre carisma, siempre pregunto a los alumnos: «¿A cuántos de vosotros os gusta la tarta de chocolate y guardáis la mejor parte para el final?» Todas aquellas personas que levantan la mano suelen pensar que es mejor «guardar el placer para más tarde» en todos los aspectos de su vida. Son los que guardan las cosas para ocasiones especiales en lugar de disfrutarlas cuando se les presenta la oportunidad. Algunos de estos alumnos me han llamado después de cierto tiempo para decirme que estaban muy contentos de disfrutar de algunos placeres en función de sus deseos y que jamás habían pensado que tuvieran la posibilidad de hacerlo.

Cuando guardas lo mejor para el final, a veces resulta decepcionante o es posible que no llegues a disfrutarlo nunca. No tienes ninguna garantía de que más tarde puedas disfrutarlo. No esperes ocasiones especiales para ponerte tus mejores joyas, tu vestido más deslumbrante o tu perfume preferido. Vive plenamente cada día disfrutando de lo que más te gusta.

Comportamiento 2
Adquiere el hábito de ser feliz.
Crear la felicidad interior es un maravilloso hábito que todos podemos cultivar. Cuando tu mente se rige por pensamientos positivos, te sientes bien contigo mismo y alegras la vida de los que te rodean. A pesar de que no siempre resulte deseable o incluso razonable estar en el punto más alto de la escala, es recomendable alcanzar ese punto con frecuencia para recordar cómo es la auténtica felicidad y para que nos resulte más sencillo reproducirla en diferentes grados. Al igual que un cantante explora y trabaja sus diferentes tonos de voz, una persona que busca la felicidad puede aprender, gracias a la experiencia y la práctica, a alcanzar fácilmente el punto más alto de la escala y obtener mejores resultados.

Un actor puede crear un estado de ánimo concentrándose en pensamientos que causen la reacción deseada. Consciente de que no puede imponer una emoción, no se ordena a sí mismo estar contento, por ejemplo. En lugar de eso, revive mentalmente una experiencia del pasado que le produjo una gran alegría, y pronto siente la misma alegría que sintió por primera vez viviendo la experiencia original. Entonces puede realzar los sentimientos prestando mucha atención a lo se siente estando contento y concentrándose en esa sensación. Más tarde será capaz de reproducir el sentimiento original recordando las sensaciones físicas asociadas.

91

Gracias a esta técnica, cada vez le resultará más sencillo estar alegre y matizar el grado de intensidad del sentimiento. Los psicólogos del mundo del deporte utilizan esta técnica para que los deportistas se preparen mentalmente antes iniciar un partido, una carrera o una competición.

Tú puedes usar la misma técnica para producir o realzar tus propios sentimientos positivos. En realidad estás creando continuamente tus sentimientos como los actores o los deportistas, pero normalmente no eres consciente de ello.

Nunca podrás sentirte alegre si te concentras en pensamientos negativos, y la insatisfacción es muy difícil de producir, si no imposible, cuando piensas positivamente. La baja moral de una persona, tan frecuente entre personas emocionalmente sanas, suele ser el resultado de un pensamiento negativo o pesimista.

En un momento u otro, todos debemos enfrentarnos a problemas y situaciones inquietantes. En otras ocasiones, nos sentimos fantásticamente bien sin ningún esfuerzo. Los pensamientos que permitimos que ocupen nuestra mente en los períodos «neutros» determinarán durante cuánto tiempo nos sentimos felices.

Somos lo que pensamos durante todo el día. ¿Con qué llenas tu mente cuando no hay ninguna cuestión que requiera tu atención inmediata? ¿Piensas en las facturas pendientes que debes pagar, lo lejos que has llegado en tu profesión, lo insatisfecho que estás con tu vida social o te lamentas por tus errores y tus defectos? En este caso, estás obligándote a estar desanimado porque sólo te centras en pensamientos negativos y poco productivos. Y, cuando estás desanimado, tu aspecto exterior lo refleja.

¿Te has fijado alguna vez en el rostro de los conductores que están parados en un semáforo? ¿Qué ves? ¿Sobre todo malas caras y rostros que reflejan preocupación, rabia, frustración o tristeza? Con demasiada frecuencia proyectamos dolor y malestar hacia los demás. Los individuos carismáticos no repelen a los demás emitiendo estos sentimientos negativos. Para ser carismático se necesita tener un rostro amable, cálido y acogedor, un rostro que jamás conseguirás mientras tengas pensamientos negativos.

Así pues, la próxima vez que hagas cola, esperes el autobús o estés parado en un semáforo en rojo, sé consciente de tu diálogo interior. Si es negativo, visualiza una señal de prohibición grande y brillante. Después imagina una escoba que barre tus pensamientos. Sustitúyelos con imágenes mentales de algo que te resulte placentero. Puede ser tu hijo, tu lugar de vacaciones preferido o simplemente un ramo de flores. Cuando esta imagen desaparezca, asegúrate de que sólo surjan pensamientos positivos. El lado negativo que todos tenemos siempre es más poderoso que el lado positivo y, al principio, tendrás que eliminar pensamientos negativos y reemplazarlos con positivos varias veces. Con el tiempo y la práctica de alimentarte con pensamientos positivos, conseguirás eliminar la costumbre de pensar negativamente y adquirirás el hábito de ser feliz.

Comportamiento 3
Expresa tu energía.

Pocas veces consideraremos que una persona pasiva es carismática. Normalmente nos acercamos a un individuo carismático para compartir un poco de la energía positiva que transmite en abundancia. Esta energía humana que proyecta posee un magnetismo indefinible. Es esa chispa que dice: «Tengo lo que merezco». Se transmite a los demás en forma de entusiasmo, esa compulsiva actitud mental que proviene del corazón y es tan permanente como la fe o el valor. Atrae a los demás, hace que estén dispuestos a ayudarte y elimina incluso los obstáculos más difíciles para la realización y el éxito personales. Todos poseemos esta fuente de energía en nuestro interior, pero muchas personas reprimen o limitan su expresión. Aprender cómo generarla y controlarla es uno de los pasos más importantes para desarrollar el carisma.

Tú puedes sentirte plenamente vivo y transmitir esa ilusión a los demás participando activamente en la vida. Si estás convencido de lo que haces y te dedicas plenamente a ello, crearás un entusiasmo que también estimulará a los demás. Y la energía producida dando lo mejor de ti mismo puede hacer que cualquier tarea sea fantástica, ya sea fregar el suelo, limpiar el coche, cantar o cerrar un trato comercial. Los individuos carismáticos son personas activas que impulsan a los demás a actuar. Su entusiasmo es muy contagioso.

Si te sientes dominado por la apatía y el aburrimiento o piensas que la vida es bastante insípida, intenta decidir lo que realmente quieres y planea la forma de conseguirlo. Al descubrir lo que despierta tu interés y esforzarte para alcanzar tus objetivos, tu vida tendrá más sentido, ganarás confianza en ti mismo y sentirás un gran entusiasmo por vivir. Establece objetivos que te permitan dar lo mejor de ti mismo. Pasa más tiempo participando activamente y menos observando como espectador. Acepta retos en el trabajo y en los juegos. Dedícate plenamente a tareas creativas alimentando tu inspiración con nuevas ideas y arriesgándote a emprender nuevas aventuras y vivir nuevas experiencias. Y actúa siempre con entusiamo. Una vez se ha generado, el entusiasmo tiende a renovarse por sí solo.

Comportamiento 4
Intenta conseguir el premio.

En la vida, como en un tiovivo, sólo puedes conseguir la anilla premiada si te esfuerzas lo suficiente para alcanzarla.

Si lo intentas, es posible que caigas sin poder conseguirlo, que alcances una anilla no premiada o que consigas la anilla deseada que te permite hacer otro viaje gratis. Algunas personas deciden no arriesgarse a intentarlo. Permanecen sentadas dando vueltas y más vueltas, tal vez disfrutando del paisaje pero, en la mayoría de los casos, favoreciendo la monotonía y el aburrimiento. ¿En qué consiste la diversión, el desafío, la sensación de éxito, la variedad y el crecimiento? Muchas personas dedican un gran esfuerzo a mantener su neutra existencia siempre inmóvil, estable y segura. Se alejan de cualquier persona o cosa que amenace la estabilidad de su bote. Probablemente consiguen evitar dolor y fracasos, pero para ello renuncian a muchos éxitos. En cierto modo, todas las emociones están incluidas en un único paquete. Si reprimes determinados sentimientos, automáticamente estarás haciendo lo mismo con los demás. Si no te abres del todo porque temes sufrir, jamás tendrás la oportunidad de ser plenamente feliz. Tendrás tan poco acceso a lo malo como a lo bueno. Al igual que no hay subidas sin bajadas ni montañas sin valles, tampoco puede existir la felicidad sin tristeza ni el placer sin dolor. Todo forma parte de la vida. Todos hemos sufrido en alguna ocasión, pero conseguimos soportarlo. De alguna forma pudimos sobrevivir hasta que la pena se desvaneció, como suele ocurrir casi siempre.

El dolor proporciona una profundidad emocional que puede utilizarse para experimentar plenamente el placer. Arriésgate a vivir con pasión y experimentar realmente la vida. Sé capaz de llorar por el dolor de un desconocido y alegrarte por su buena suerte. Las personas que se aventuran a vivir lo que sea plenamente, llegan a conocer el auténtico valor de estar vivas. Y el entusiasmo y la alegría que transmiten atrae a otros que también quieren ser capaces de hacerlo, que quieres experimentar la diversión, la emoción y la plenitud. Cuando eres uno de los que intentan conseguir lo mejor de la vida, estás dando algo a los demás que probablemente no obtienen de ninguna otra fuente.

Comportamiento 5
Cumple tus mayores deseos.

No existe nadie que se sienta plenamente realizado. Todo el mundo tiene algún tipo de deseo no cumplido. ¿Qué sueños perdiste en tu viaje hacia la madurez? ¿Puedes recuperar alguno? ¿Deseabas desesperadamente ser bailarín, cocinero o actor? ¿Te gustaría pintar, tocar un instrumento o patinar sobre hielo? Es posible que un sueño no cumplido o un objetivo no alcanzado acuda a tu mente con regularidad. Los deseos son mensajes de tu yo interior. Puedes favorecer el desarrollo de tu verdadera personalidad carismática intentando cumplir tus deseos más profundos.

Presta atención a lo que anhela tu yo interior. Es imposible cumplir sueños no reconocidos, alcanzar objetivos desconocidos o disfrutar de placeres no identificados. Debes saber lo que quieres antes de poder intentar conseguirlo. Si te quedara poco tiempo de vida, ¿qué lamentarías haber perdido o no haber hecho? Intenta remediarlo ahora, puesto que todavía tienes la oportunidad de conseguirlo.

¿Cuántas personas creen que son demasiado viejas o están demasiado enfermas para hacer lo que querían hacer? Esperaban el momento adecuado para convertir sus sueños en realidad, pero ¿cuándo llega ese momento? ¿Cuando se tienen veinte años, cuarenta, sesenta, ochenta? Si tienes un motivo para no hacerlo hoy, es probable que todos los días tengas un motivo. Tal vez nunca cumplirás tus deseos a menos que empieces ahora. Empieza hoy mismo a convertir tus sueños en objetivos posibles elaborando un plan de actuación para alcanzarlos. La energía que generes también afectará positivamente tus relaciones con los demás. ¡Y la satisfacción de conseguir que tus sueños se conviertan en realidad es indescriptible!

Comportamiento 6

Rodéate de personas que piensen positivamente, libros que te inspiren, música alegre y buen humor. Tu personalidad actual es el resultado del entorno psicológico de tu pasado, y la persona que serás depende de tu entorno presente y futuro. La gente que forma parte de tu vida es un espejo de ti mismo. Reflejan aspectos de tu personalidad. ¿Qué tipo de gente te rodea? ¿Son personas negativas? En este caso, tú estás transmitiendo tu negatividad. Si son cínicas, tú estás transmitiendo tu cinismo. No sólo buscamos a aquellos individuos que son como nosotros, sino que además nuestra mente refleja lo que vemos. Si te relacionas con personas negativas, probablemente seguirás teniendo pensamientos negativos. Elige a amigos que sean positivos, que deseen sinceramente tu éxito y que te animen a cumplir tus proyectos. Protege tu entorno psicológico de la envidia y las críticas malintencionadas. Limita la cantidad de tiempo que recibes influencias negativas, ya sea por parte de los medios de comunicación, conversaciones de los demás o tus propios pensamientos.

Intenta conseguir influencias positivas para ensalzar tu personalidad. Lee regularmente libros que te inspiren y te motiven. Hacen que casi todo sea posible. Su filosofía del «tú puedes hacerlo» te ayudará a compensar las influencias negativas recibidas.

La música es un importante elemento terapéutico porque puede sumergirte en un estado de calma o de gran excitación que te libera de tus restricciones emotivas habituales. Te ayuda a experimentar tus emociones con mayor intensidad. La música alegre puede conseguir que un buen estado de ánimo se convierta en excelente. Acostúmbrate a escuchar música siempre que puedas, mientras te vistes, comes o conduces.

Ríe un poco todos los días. El buen humor favorece que el cuerpo sane por sí solo, la mente rejuvenezca y el alma se reanime. Intenta ver el lado positivo de la vida leyendo libros de humor, viendo películas divertidas y escuchando chistes graciosos. Aprende a divertirte siempre que puedas buscando el buen humor en las situaciones de la vida cotidiana.

Esfuérzate por asegurarte de que te expones a más influencias positivas que negativas y obtendrás una buena recompensa.

Tu vida puede ser una sinfonía de bellas melodías o una sucesión de notas inarmónicas. La decisión está en tus manos, porque sólo tú compones tu propia música día tras día.

Capítulo 7

Cómo adquirir y conservar un aura carismática

El intenso magnetismo personal se obtiene alimentando los sentimientos positivos de los demás, especialmente acerca de ellos mismos.

Liberar nuestra verdadera personalidad, estar más dispuestos a experimentar y expresar la felicidad, cultivar un enfoque positivo basado en un sistema de valores bien definido y mantener una actitud de entusiasmo ante la vida son importantes prerrequisitos para desarrollar un aura carismática. Pero para irradiar ese carisma que atraerá magnéticamente a los demás y mantender y aumentar esa atracción, también necesitamos actuar de forma carismática minuto a minuto y día tras día. La forma en que nos presentamos a nosotros mismos y tratamos a los demás influye mucho en cómo nos ven.

¿Cuál es tu estilo de comportamiento?

Todo el mundo desarrolla un determinado método para acercarse a los demás con la esperanza de obtener su aprobación y aceptación, pero con frecuencia no somos conscientes de cuál es nuestra forma de hacerlo y cómo afecta a los demás. Es posible que sea ineficaz o, peor, que provoque el rechazo de algunas personas.

Identifica tu propio estilo de comportamiento y determina si obtienes la reacción que deseas. ¿Eres de los que lo saben todo y tienen una respuesta para todo? ¿O te muestras más bien reservado, frío e impasible como si no necesitaras a nadie? Tal vez tienes un aire de superioridad o utilizas tu capacidad de seducción o tu inocencia para ganarte a los demás. ¿Intentas impresionarles con tu cultura, tus éxitos o tu dinero? ¿O intentas que se compadezcan o sean indulgentes contigo porque estás enfermo o has tenido un golpe de mala suerte? Tal vez intentas ser del tipo de personas que siempre están de acuerdo con todo. ¿Sonríes demasiado o te apagas con facilidad?

A nadie le gustan las personas poco sinceras ni las que resaltan sus cualidades poniendo de manifiesto nuestros defectos. El individuo presumido y arrogante que intenta que los demás se sientan inferiores suele ser víctima de una falta de autoestima que le impide ser él mismo. Las personas que adoptan esta actitud no creen que sean suficientemente buenas o interesantes para recibir la aprobación y la admiración que necesitan, de modo que ocultan su verdadera personalidad detrás de fachadas que creen que producirán el efecto deseado. Además utilizan estas fachadas para proteger su vulnerable ego del rechazo que tanto temen y que creen que podría producirse si se mostraran tal como son.

Las personas tímidas también son víctimas de su pobre autoestima, y normalmente intentan evitar físicamente o rechazar emocionalmente aquellas situaciones que podrían provocarles malestar.

Los individuos realmente carismáticos no son ni demasiado reservados ni demasiado abrumadores. No se muestran pasivos, nerviosos ni agresivos. Poseen la suficiente autoestima para mostrarse tal como son ante los demás con absoluta sinceridad, porque no tienen miedo de las críticas negativas. Si este miedo te impulsa a disfrazar tu verdadera personalidad, estás ocultando una de las mayores fuentes de atracción de posees: el encanto de ser tú mismo.

TODOS CONOCEMOS EL RECHAZO

Todo el mundo se enfrenta al rechazo en algún momento de su vida. Los mejores vendedores no pueden cerrar el cien por cien de las ventas que intentan consumar. Algunas empresas muy importantes ganan billones vendiendo sus productos a un reducido porcentaje de la población mundial. Esto significa que el resto de la población no utiliza sus productos. Muchos actores experimentan terribles fracasos de taquilla, de todas las solicitudes para ocupar un puesto de trabajo sólo una no se rechazará, y muchas veces hemos comprobado que otros desprecian nuestra oferta de amistad.

La vida no es un concurso de popularidad. Reconoce que es imposible ser lo que todo el mundo desea porque cada individuo quiere algo diferente en función de sus propios deseos y necesidades. Ten confianza en ti mismo y muéstrate tal como eres ante los demás, sabiendo que aquellos que se sientan atraídos por ti estarán interesados en tu auténtica personalidad y lo que puedas ofrecerles. Todos buscamos a gente que sea como nosotros, personas que compartan nuestros intereses, valores o forma de pensar y que complementen nuestras virtudes y defectos. Nunca obtendremos satisfacción atrayendo a aquellas personas que sólo quieren de nosotros lo que fingimos ser.

Acepta que los rechazos son inevitables y sé consciente de que ello no significa que seas inútil, inferior o indeseable;

simplemente es la expresión de los prejuicios y las preferencias de otra persona.

DE LA INSEGURIDAD A LA SEGURIDAD

Estaba en una fiesta hablando con cuatro personas más, cuando una de las mujeres, Helen, tomó un canapé de una bandeja. Inmediatamente después de ponérselo en la boca, su rostro empezó a contorsionarse mientras se esforzaba por respirar. Cuando consiguió superar el momento difícil, salió corriendo hacia el baño diciendo que quería retocarse el maquillaje. Mi amiga Suzanne y yo la seguimos para asegurarnos de que estaba bien. La encontramos llorando e intentamos calmarla, suponiendo que el incidente la había asustado, pero lo único que dijo fue: «¿Qué aspecto tengo? ¡Seguro que he estado horrible! ¡Tengo demasiada vergüenza para salir otra vez!»

Suzanne y yo necesitamos media hora para convencer a Helen de que los demás sólo se preocupaban por si estaba bien y que la única que había pensado en su aspecto mientras se atragantaba era ella misma.

La gente rara vez es tan observadora como imaginan las personas inseguras, ni tampoco es tan crítica como la persona insegura lo es consigo misma.

Recientemente asistí a una boda en la que la madre del novio se había roto una pierna. Pasó toda la celebración sentada en la mesa para poder esconder el yeso bajo el mantel. Decidió cambiar la diversión de participar en la boda de su hijo por la seguridad de «no sentirse demasiado torpe».

Las personas inseguras se pierden la mayoría de experiencias más gratificantes porque tienen miedo de cómo se mostrarán ante los demás. La inseguridad es el resultado de

102

preocuparse demasiado por lo que otros pensarán. Las personas que fácilmente desaprueban a los demás tienden a controlar consciente y constantemente todo lo que hacen o dicen, inhibiendo la espontaneidad tan típica de los individuos carismáticos.

Los demás te aceptarán cuando tú te aceptes a ti mismo. Intenta sentirte bien contigo mismo, sólo entonces ganarás confianza en lo que puedes ofrecer y te sentirás menos ansioso por obtener la aceptación de los demás. Ya no te preocuparás por lo puedan pensar de ti y podrás ser libre para concentrarte en otras personas, no exclusivamente en ti mismo. Cuando dediques toda tu atención a comprender y amar a los que te rodean, comprobarás que su reacción experimenta un cambio radical. Las personas que más nos impresionan son aquellas que muestran interés por nosotros. Tu interés por los deseos y las necesidades de los demás favorecerá la creación de un encanto irresistible. Cuanto mejor conozcas lo que les motiva, más fácilmente podrás atraerles y mantener esa atracción.

CÓMO ATRAER EL INTERÉS DE LOS DEMÁS

A pesar de que la actitud, los objetivos y el estilo de vida de cada persona es diferente, todos compartimos las mismas necesidades psicológicas básicas. Una de las más importantes es la necesidad de autoestima. Cada persona necesita desesperadamente que se fijen en ella, la acepten, la admiren y la aprecien. Todos queremos sentirnos especiales e importantes. Las personas carismáticas son atractivas porque, en cierto modo, satisfacen esta necesidad universal en los demás. Saben cómo conseguir que los demás se sientan bien. Y tú también puedes hacerlo, aprendiendo a tratar a los demás con una actitud carismática.

Cómo desarrollar una actitud carismática

Sé amable con todo el mundo.

Trata a todas las personas mostrando el mismo respeto, interés y preocupación, tanto si es el encargado de mantenimiento del edificio como tu jefe, un dependiente o un cliente importante.

Muchas de las personas que se cruzan en nuestras vidas a diario están acostumbradas a que les ignoren o les traten mal. Todos los cajeros, camareros o vendedores tienen preocupaciones, objetivos y sueños. Como tú, todos se levantan por la mañana para emprender la a veces aburrida tarea de vivir. Aprovecha todas las oportunidades de «conectar» con los demás mostrándoles tu interés y preocupación.

Estas personas se alegrarán de verte. Seguramente te saludarán con un gesto, una sonrisa o tal vez tu nombre. Se esforzarán más por servirte con eficiencia. Muchos estarán dispuestos a hacer por ti más de lo que les corresponde. Te tratarán de forma especial, porque estarás comportándote como una persona especial. Los recados y los encargos se convertirán en una tarea agradable cuando empieces a aprovechar la oportunidad de conocer a los demás y darte a conocer ante ellos.

Haz que los demás se sientan cómodos.

A todos nos gusta estar con personas que nos hacen sentir cómodos. Tú puedes obtener lo mejor de los demás dándoles la oportunidad de abrirse, de ser ellos mismos y de sentirse bien haciéndolo. Ellos te asociarán con la sensación de bienestar que sienten cuando están contigo.

Observa el estilo de comportamiento de cada persona. No te dejes intimidar por las personas que te traten bruscamente. Reconoce la altanería y los aires de superioridad como lo que son: el desesperado intento de un ego inseguro para conseguir aceptación, aprobación y protección de las amenazas del exterior. Normalmente, las personas que se comportan de este modo sólo intentan convencerse a sí mismas de su valor como individuos. Tanto las personas arrogantes como las tímidas necesitan estar en un entorno donde se sientan emocionalmente seguras para arriesgarse a prescindir de sus máscaras.

Tú puedes ofrecer a los demás el regalo de sentirse bien con ellos mismos ayudándoles a fijarse en sus virtudes y cualidades, aceptándoles y demostrándoles que les apruebas como personas sin prejuicios ni comparaciones. Se necesita un gran poder personal para responder a lo que existe bajo la superficie del comportamiento de los demás.

Recuerdo una ocasión en particular en la que yo no seguí mis propios consejos. Conocí a un hombre al que llamaré doctor David Rodell y a su mujer, que también era médico. El doctor pronunció una conferencia en una charla informal. Cuando me lo presentaron, yo le saludé diciendo: «¿Cómo estás, David?» Su mujer replicó: «Se llama doctor Rodell, y a mí también puede llamarme doctora Rodell.»

Su marido pareció sentirse bastante incómodo y varias personas que estaban cerca de nosotros habían oído el descortés ataque de la doctora. Todos esperaban mi respuesta en silencio. «Oh, yo también soy médico» —respondí—. Entonces ella me preguntó: «¿Y cuál es su especialidad?» Mirándola fijamente y con expresión severa, le dije: «Soy neurocirujano» —y me alejé sintiéndome feliz y satisfecha.

Sabiendo que en aquel momento la seguridad de doctora dependía del reconocimiento de su posición y «superioridad», yo debería haber reaccionado con una sonrisa diciendo: «Encantada de conocerles a los dos, doctor y doctora Rodell.» No fui nada carismática ni intenté serlo. Ella consiguió hacerme expresar mi lado agresivo. Bueno, ¡nadie es perfecto!

Ayuda a los demás a valorarse más a sí mismos

Cuando muestras sincero interés por alguien y adoptas una actitud considerada y tolerante, tiendes a aumentar la autoestima de esa persona, provocando indirectamente que tengan una buena impresión de ti. A todos nos gustan las personas a quienes gustamos, y queremos pensar que son muy sensibles y tienen buen gusto.

Busca cualidades positivas en la gente y háblales de ellas. Alaba las virtudes que observes en los demás y que ellos no vean o aprecien y ofrece tus cumplidos sinceramente sin esperar nada a cambio.

Demuestra a los demás que les valoras siendo educado, reconociendo su presencia de forma inmediata, siendo puntual y, cuando sea oportuno, agradeciéndoles su esfuerzo, tiempo y preocupación. Solicita sus consejos y sugerencias. Al hacerlo conseguirás que los demás se sientan importantes y sepan que respetas su opinión. Cuando alguien te impresione, demuéstralo. Dar crédito o importancia a lo que otra persona te cuenta aumentará su satisfacción.

El verano pasado organizamos una reunión de ex alumnos para volver a encontrarnos con viejos amigos. Una de las preguntas más repetidas fue la típica «¿A qué te dedicas?», a lo que una mujer, Jennifer, respondió en un tono de desprecio: «Sólo soy secretaria.»

«¿Qué quieres decir con eso de "sólo" secretaria?» —preguntó Norma—. «Yo trabajaba como administrativa y consideraba que el trabajo era interesante y gratificante.»

Con mejor opinión de su empleo, Jennifer empezó a hablar de las experiencias más gratificantes que le había proporcionado su trabajo.

Norma era consciente de lo que todos deberíamos recordar: que cualquier trabajo honrado es digno de admiración y que es maravilloso poder ayudar a los demás a sentirse orgullosos de lo que hacen.

Conviértete en un mensajero de felicidad.

En la pared de mi despacho tengo colgada una columna de Art Buchwald, publicada en Los Angeles Times, que refleja claramente el espíritu de una persona carismática en acción.

Art Buchwald
¡CUIDADO, PODRÍA SER CONTAGIOSO!

Recientemente estuve en Nueva York y tomé un taxi con un amigo. Cuando salimos del coche, mi amigo le dijo al taxista:

—Gracias por el viaje. Ha conducido muy bien.

El taxista se quedó muy sorprendido durante unos segundos y después le respondió:

—Te crees muy listo, ¿no?

—No, tranquilo, no me estoy metiendo con usted. Admiro su forma de mantener la calma con una tráfico tan terrible.

—Bueno, sí... —dijo el taxista antes de arrancar y marcharse.

—¿A qué venía eso? —le pregunté a mi amigo.

—Estoy intentando hacer regresar el amor a Nueva York —me contestó—. Creo que es lo único que puede salvar la ciudad.

* * *

—¿Cómo puede un hombre salvar una ciudad?

—No es sólo un hombre. Creo que he conseguido alegrar el día al taxista. Supongamos que tiene veinte pasajeros. Será amable con los veinte porque alguien ha sido amable con él. A su vez, estos pasajeros serán amables con sus empleados, dependientes, camareros e incluso sus propias familias que, a su vez, serán amables con otras personas. La amabilidad puede alcanzar al menos a mil personas. ¿No está mal, verdad?

—Pero todo depende de que ese taxista transmita tu amabilidad a los demás.

—No dependo de él —respondió mi amigo—. Soy consciente de que el sistema no está hecho a prueba de insensatos. Es posible que hoy hable con diez personas diferentes. Si puedo conseguir que tres de esas diez personas sean felices, es posible que indirectamente influya en la actitud de tres mil más.

—La teoría suena muy bien —admití—, pero no estoy seguro de que la práctica funcione.

—Por intentarlo no se pierde nada. No he necesitado malgastar mi tiempo para decirle al taxista que estaba haciendo un buen trabajo, y él no ha recibido una propina muy buena ni muy mala. Si mis palabras fueron a parar a oídos sordos, ¿qué he perdido con ello? Mañana puedo intentar hacer feliz a otro taxista.

—Me parece que estás un poco chiflado —le dije.

—Eso demuestra lo cínico que has llegado a ser. He hecho un estudio: al parecer, lo que les falta a los empleados de correos, aparte de un aumento de sueldo, es que la gente les diga que hacen un buen trabajo.

—Pero es que no están haciendo un buen trabajo...

—No lo hacen porque sienten que a nadie le importa si trabajan bien o no. ¿Por qué nadie les dirige una palabra amable?

* * *

Pasamos junto a un edificio en construcción. Había cinco obreros descansando y mi amigo se detuvo.

—Han hecho un fantástico trabajo. Debe de ser una profesión difícil y peligrosa.

Los cinco hombres le miraron con recelo.

—¿Cuándo estará terminado?

—En octubre —gruñó uno de ellos.

—¡Ah! Es realmente impresionante. Seguro que todos están muy orgullosos.

Cuando nos alejamos, le dije:

—No había visto a nadie como tú desde Don Quijote.

—Cuando esos hombres digieran mis palabras, seguro que se sentirán mejor. De un modo u otro, la ciudad se beneficiará de su felicidad.

—¡Pero no puedes hacerlo todo tú solo! —protesté—. ¡Sólo eres un hombre!

—Lo más importante es no desanimarse. Conseguir que los habitantes de la ciudad vuelvan a ser amables no es nada fácil, pero puedo animar a otras personas a luchar por mi causa...

—¡Acabas de guiñar el ojo a una mujer bastante fea!

—Sí, ya lo sé —replicó—. Y si es maestra, sus alumnos tal vez asistirán a una de las mejores clases de su vida.

(Reimpreso con el permiso del autor)

Desarrolla un espíritu alegre y compártelo con los demás. Es uno de los auténticos placeres de la vida y proporciona recompensas indescriptibles. La gente amable atrae las cosas amables.

Sé considerado con los sentimientos de los demás.

Todos somos sensibles y podemos sentirnos heridos por determinados comentarios o actos.

Un día, mientras cenaba en un restaurante del barrio, oí que varios jóvenes bromeaban con la rubia camarera. Parecía que a ella le gustaba y se acercaba a su mesa con frecuencia para comprobar el buen desarrollo de la cena. Antes de marcharse, uno de los jóvenes le preguntó:

—¿Qué haces después del trabajo?

—Me voy a casa con mi marido —respondió ella—. ¿No ves el anillo? ¡Estoy casada!

¿No habría sido mucho más considerado por parte de la chica agradecerle su interés y decirle que, de no estar casada, se habría sentido tentada por la invitación? ¿Es doloroso ayudar a otra persona a no quedar mal? Haz un esfuerzo para decir y hacer lo que a te gustaría que dijeran o hicieran si estuvieses en el lugar de otra persona.

En una ocasión, estando con un grupo de amigas, una nos explicó que estaba planeando un viaje a Marruecos, y otra exclamó rápidamente:

—¡Ése es el último lugar del mundo que visitaría!

Este comentario no sólo reduce la ilusión de la persona que comparte algo especial, sino que además dice muy poco a favor del individuo que es suficientemente maleducado como para hacerlo. No existe ninguna excusa que justifique herir los sentimientos de otra persona de esta forma. Antes de decir algo que podría herir a los demás, piénsalo dos veces. Una persona carismática es amable de pensamiento, palabras y actos.

Tómate la molestia de ser amable.

¿Te has prestado alguna vez a que alguien que sólo lleva unos pocos artículos pase delante de ti en la cola de la caja de un supermercado? ¿Acostumbras a aguantar las puertas para que pase la gente que viene detrás de ti?

Los individuos carismáticos aman a la gente y les produce una gran satisfacción hacer algo por los demás.

110

Yo he visto muchos ejemplos de personas que se han tomado la molestia de ayudarme o ser amables conmigo, y siempre he pensado que eran personas muy especiales.

Recuerdo una fría tarde de invierno en que me dirigía a una de mis clases atravesando el campus de la universidad con un maletín y dos cajas llenas de libros. Me senté para descansar por segunda vez en un banco de hormigón. Me dolían los brazos y los hombros y me preguntaba cómo conseguiría llegar hasta el segundo piso de un edificio que todavía quedaba lejos. Un joven se acercó a mí y me dijo que tenía el aspecto de necesitar ayuda. Él llevó los libros hasta la puerta de la clase.

Recientemente me disloqué el tobillo mientras estaba de vacaciones sola en un pequeño pueblo a más de cien kilómetros al noroeste de Los Angeles. Incapaz de conducir de vuelta a casa porque me habían enyesado el tobillo, me senté en el vestíbulo del hotel intentando decidir cómo regresar a casa. Uno detrás de otro, tres huéspedes del hotel se acercaron a mí ofreciéndose a interrumpir sus vacaciones para llevarme a Los Angeles, y dos empleados del hotel también se ofrecieron a acompañarme a casa si podía esperar a que terminaran su turno de trabajo. Decliné su oferta y opté por seguir el consejo de otro de los huéspedes del hotel, que me recomendó contratar a un chófer. Más de media docena de personas sinceramente preocupadas me despidieron con un abrazo deseándome una rápida recuperación.

A partir de entonces fui capaz de moverme con el yeso y las muletas gracias a las muchas personas que me ayudaron a entrar y salir del coche en aparcamientos y a llevar las bolsas de la compra y se ofrecieron a ayudarme de otras formas diferentes.

Cada día tenemos docenas de oportunidades de hacer algo por los demás. Cuando se presentan estas oportunidades, ¿eres amable o no tan amable? Intenta recordar la última vez que alguien te agradeció lo que hiciste por él. ¿Fue ayer, la semana pasada o hace un mes? ¿Te ocurre con frecuencia?

Las personas carismáticas son amables todos los días con todo el mundo, no importa en qué situación. Esto no significa que permitan que los demás se aprovechen de ellos, sino que velan por sus propios intereses y mantienen su integridad intacta, pero son conscientes de las necesidades y la sensibilidad de los demás.

QUÉ DICE DE TI TU FORMA DE CONDUCIR

En muchos casos, la forma de conducir de una persona refleja su forma de vivir. El modo de conducir puede ser un microcosmos de la actitud de un individuo ante la vida en general.

¿Te relajas y disfrutas del paisaje mientras conduces o compites en una carrera de semáforo en semáforo intentando llegar lo más rápido posible a tu destino? ¿Te fijas en los demás conductores y les sonríes o permaneces en tu propio mundo privado, totalmente inconsciente de lo que te rodea?

La existencia o la ausencia de amabilidad también se pone de manifiesto en los hábitos de conducción. La persona amable indica su intención de girar con bastante antelación para que los conductures que le siguen puedan cambiar de carril si lo desean. Intenta no pasar por encima de charcos salpicando a otros coches y a los peatones con agua y barro, sobre todo si otro coche está maniobrando con precaución para no ensuciarse. Saluda con un gesto y una sonrisa a los que le ceden el paso en cruces o lugares estrechos que sólo permiten el paso de un vehículo. El conductor que no te deja incorporar a un carril o te presiona para que te apartes a un lado no suele ser una persona muy amable ni considerada, tanto dentro como fuera del automóvil. Las personas felices que se sienten bien consigo mismas no necesitan ser mejores que nadie. El individuo que te roba la plaza de aparcamiento seguramente también adopta la actitud de «yo primero» en otros aspectos de la vida.

Ser amable con los demás conductores te hace sentir bien contigo mismo y reafirma tu fe en la amabilidad de los demás. La mayoría de la gente apreciará que les trates con consideración y te sonreirá para darte las gracias. Ser amable es una actitud que se convierte en un hábito si se practica con frecuencia y tiende a extenderse a otros aspectos de la vida.

LA ETIQUETA MODERNA Y LOS MODALES PASADOS DE MODA

Muchas personas están hartas de los malos modales que predominan en la sociedad actual, desde los vendedores bruscos y los clientes maleducados hasta los niños irrespetuosos, los amigos con poco tacto y los desconocidos malhumorados.

Hasta hace relativamente poco, el movimiento hippy de los sesenta y la generación de los setenta habían impuesto una cierta despreocupación por el bienestar ajeno, sin embargo el péndulo avanza ahora hacia la dirección opuesta. En la actualidad se está generalizando un gran interés por la cortesía y los buenos modales. Los consejeros y expertos en estos temas están muy solicitados porque los formalismos vuelven a estar en auge, pero los modales que se imponen son diferentes a los de épocas pasadas. Las normas de etiqueta modernas lo abarcan todo, desde los modales de un empresario hasta la conveniencia de invitar a un amante

113

cuando tu compañero de piso está en casa. El modo de actuar «correctamente» suele ser controvertido porque vivimos en una época en que lo que es de buena educación para una persona puede no serlo para otra.

Sin embargo los buenos modales son un reflejo del buen carácter y, a pesar de que las normas sociales estén cambiando, ser amable con los demás sigue siendo una actitud valorada. Los detalles más simples demuestran que los demás nos importan y son necesarios para tener éxito en nuestras vidas profesionales y personales.

CÓMO MOVERSE EN SOCIEDAD CON CONFIANZA

Para tener carisma, una persona necesita tener la seguridad de que conoce el modo de actuar correctamente en diferentes situaciones y es capaz de superar la prueba con éxito. Cuando las dudas y los miedos se apoderan de una persona, la energía positiva que alimenta el aura carismática disminuye considerablemente.

La normas sociales nos exigen que definamos el contexto en que nos encontramos y nuestras reacciones sean flexibles. Es importante tener en cuenta con quién estamos tratando y en qué circunstancias. Es posible que no exista un comportamiento correcto para determinadas situaciones. En estos casos, debemos decidir cuál es la mejor forma de afrontar la situación teniendo en cuenta nuestra escala de valores.

Pon en primer lugar la consideración por la otra persona en lugar de preocuparte por tus propios derechos. Cuando alguien sea descortés contigo, no te sitúes a su nivel reaccionando de forma igualmente maleducada, porque esta actitud te perjudicará mucho más a ti que a la otra persona.

QUÉ HACER CON RESPECTO A PUERTAS, ABRIGOS, CUENTAS Y FUMAR

Algunos actos como abrir la puerta y ayudar una persona a ponerse el abrigo son actitudes de cortesía adecuadas para ambos sexos. Cada uno debe utilizar el sentido común para determinar qué es aceptable y qué no lo es. Por norma general, la primera persona que atraviesa una puerta debe sujetarla para los que vienen detrás suyo. Una mujer que vea a un hombre cargado de paquetes que se dirige hacia una puerta debería abrírsela y viceversa.

Es correcto para todo el mundo, hombres y mujeres, ayudar a alguien que se está poniendo un abrigo y pagar la cuenta si él o ella ha formulado la invitación. La regla más importante es hacer cualquier cosa que te parezca natural y no te haga sentir incómodo ni a ti ni a la otra persona.

Cuando no conoces suficientemente bien a una persona para saber qué comportamiento prefiere en una determinada situación, no tengas ningún reparo en preguntar. Por ejemplo, un hombre puede preguntarle a una mujer: «¿Te ayudo con el abrigo?» Si ella no quiere que le ayude, simplemente puede responder: «No, gracias.»

Y no dudes en expresar tus preferencias de comportamiento. La primera vez que subí al coche de un amigo mío, abrí la puerta del acompañante y bajé del automóvil tan pronto como llegamos a nuestro destino. Él comentó que pensaba que era fantástico que el papel de la mujer hubiera cambiado tanto y ahora fueran autosuficientes en muchos aspectos, sin embargo él había abierto puertas para sus acompañantes femeninas durante toda la vida y creía que actuando de este modo les demostraba que las consideraba personas especiales. Me dijo que, si no me importaba, él prefería abrirme la puerta del coche a que la abriera yo misma.

Algunos hombres se sienten incómodos a menos que abran puertas, sujeten abrigos y paguen la cuenta cuando están con una mujer. Si eres una mujer acompañada de uno de estos hombres, deja que ponga en práctica estos detalles aunque te sientas un poco extraña. Todos estos gestos son expresiones de su actitud considerada y respetuosa hacia ti, y así es como debes verlos. Con demasiada frecuencia pensamos que son afirmaciones políticas o sociales.

Aparte de las preferencias personales, lo que es apropiado viene dictado por el grado de formalismo de una situación.

En general, cuanto más formal sea una situación, más tradicionales serán los modales apropiados.

Actualmente con frecuencia se producen enfrentamientos entre los fumadores y los no fumadores, sin embargo las discrepancias acerca de este tema no deben crear hostilidad entre la gente. No debes pedir a nadie que se abstenga de fumar en su propia casa o en su despacho, pero sí puedes pedírselo en tu casa o despacho. Si tú no fumas y un fumador te pregunta si te molesta que encienda un cigarrillo, no tengas reparos en responderle que sí, acordándote siempre de darle las gracias por preguntar. La educación y la consideración por los derechos de los demás siempre estarán de moda.

Todos podemos cometer errores ocasionales, pero siempre resultará más fácil saber cómo debes actuar si te enfrentas a varias situaciones diferentes. No tengas miedo de no conocer todas las normas. En una ocasión leí que la única calificación real de Emily Post, mujer que se desenvolvía fantásticamente en sociedad, era que había asistido a muchas fiestas. ¿Tú también has asistido a muchas fiestas?

116

Cómo conseguir que el carisma perdure

Para alcanzar un carisma que no se extinga al cabo de pocos minutos de conocer a alguien y consiga que los demás nos recuerden como personas especiales, debemos trabajar para desarrollar las partes más profundas, sensibles y compasivas de nosotros mismos, tratar a los demás con afecto y amabilidad como norma general, ser conscientes de sus motivaciones y responder a sus necesidades. Ser una persona con carisma significa aprender a conservar la sensación de estar bien con nosotros mismos y compartirla con los demás. Y también significa fijarnos y preocuparnos por los demás llegando a sus corazones con nuestro estilo personal y único.

PARTE 3

MEJORAR
TU EXTERIOR

Capítulo 8

Cómo enviar mensajes que atraigan a los demás de forma instantánea

Los mensajes de nuestro cuerpo ponen de manifiesto la presencia o la ausencia de carisma.

Sin necesidad de pronunciar una sola palabra, todos transmitimos mensajes a los demás que reflejan cómo nos sentimos y pensamos. Esta silenciosa corriente de comunicación se prolonga sin interrupciones tanto si somos conscientes de ello como si no y, en ocasiones, incluso a pesar de nuestros esfuerzos por reprimirla. Los demás nos juzgan inconscientemente porque asignan un significado a estos mensajes que transmitimos a través de la expresión facial y las posiciones y los movimientos del cuerpo.

El revelador lenguaje del cuerpo

La forma en que nos expresamos físicamente cuando estamos de pie, andamos y nos movemos viene determinada por nuestra cultura, educación, personalidad y estado de ánimo. Normalmente se considera que esta comunicación no verbal escapa a nuestro control y, por consiguiente, es un

121

buen barómetro que indica cómo son sentimos en la situación en que nos encontramos, con relación a otras personas y a nosotros mismos. Con pocas excepciones, el lenguaje corporal revela nuestros sentimientos más profundos.

ELEMENTOS DE LA COMUNICACIÓN CORPORAL CARISMÁTICA

Cuando una persona con carisma entra en una habitación, el resto de los presentes saben que ha llegado alguien especial. Seguramente has visto a personas así y te has preguntado qué les hace ser más importantes y más interesantes que los demás.

Piensa en cómo entran en una habitación estas personas con carisma. ¿Recuerdas haberte sentido fascinado en alguna ocasión por un individuo que entró con los hombros caídos, la cabeza inclinada hacia adelante y mirando nerviosamente a todas partes o fijando la vista en el suelo? ¿Qué impresión te causa una persona así? ¿Piensas que es insegura, se siente incómoda o está deprimida?

Las personas con carisma transmiten una gran seguridad y entusiasmo y demuestran que están por encima de todo caminando con paso firme, con porte orgulloso pero no altivo. Esto significa que mantienen la espalda recta, la cabeza alzada y todos los músculos del cuerpo relajados. Los músculos tensos provocan que los movimientos y los gestos de una persona parezcan bruscos y forzados, y hacen sentir incómodas a las personas que están a su alrededor.

Un rostro con carisma es el que está atento pero relajado. Es cálido, agradable y amable. Una boca carismática suele dibujar una radiante sonrisa que refleja el bienestar interior, mostrando los dientes superiores y cerrando levemente los ojos. Los ojos carismáticos bailan y brillan configurando la mirada de una persona con una gran vitalidad. Raras veces verás a una persona con carisma tapándose la boca, la nariz u otras partes de su rostro, o rascarse la cabeza, mientras habla. El contacto visual es más frecuente y de mayor duración que en el caso de personas más inseguras. Y la persona con carisma suele parpadear menos, dando la imagen de tener una mayor capacidad de escuchar que el resto de la gente.

La mayoría de personas con carisma no tienen ningún tipo de tic nervioso. Si alguna vez has intentado hablar con alguien que se dedicaba a destrozar una servilleta de papel, habrás experimentado los efectos negativos de este tipo de comportamiento. Estos son algunos ejemplos de actitudes que frenan el carisma:

Tocarse o tirar de la ropa	Jugar nerviosamente con
Tamborilear con los dedos	objetos
sobre una mesa	Hacer ruido con llaves o
Dar pequeños golpes con	monedas
un lápiz o bolígrafo	Carraspear
Hacer dibujos o garabatos	Morderse las uñas
Doblar o manosear objetos	Mascar chicle

Escupir, sonarse, limpiarse los dientes o cualquier otra necesidad que debe atenderse en privado. (Recuerda que casi siempre estás en público, aunque vayas solo en tu coche.) Los tacos y las bromas de mal gusto también perjudican mucho el carisma de una persona, así como beber demasiado o, para muchas personas, fumar. Fumar en pipa, con el correspondiente ritual de llenar la pipa y dar unos golpecitos, puede ser irritante para algunas personas. Además, el olor del tabaco de pipa también puede resultar desagradable. Fumar puros es especialmente de mala educación. Demuestra una total falta de consideración por los demás, ya que la mayoría de la gente opina que el fuerte olor de los puros es muy desagradable. La gente que fuma, ya sea cigarrillos, puros o pipa, suele emitir un olor muy peculiar que se reconoce de forma inmediata, sobre todo los no fumadores. No sólo el pelo y la ropa absorben el intenso olor, sino también el coche, el despacho e incluso la propia casa. Por otra parte, fumar es una afirmación pública negativa de cómo una persona se siente consigo misma.

MÁSCARAS QUE OCULTAN EL CARISMA

En público usamos unas gruesas máscaras que actúan como barrera protectora entre nosotros y los demás. Entrenamos nuestro rostro y nuestro cuerpo para que actúen como rígidas máscaras que ocultan al ser desnudo que se esconde detrás. Vivimos en nuestro mundo particular controlando las señales que enviamos al exterior, ignorando a los demás en calles y autobuses repletos de gente, con cuidado de no invadir su intimidad por miedo a parecer demasiado osados.

Las máscaras son producto de nuestra cultura, las normas de etiqueta y nuestro propio sistema de defensa psicológico personal. Tenemos máscaras que nos ayudan a definir y mantener nuestro papel en la sociedad, como por ejemplo la máscara de padre o de empleado. Y también tenemos diferentes máscaras para ocasiones especiales, como por ejemplo fiestas o funerales.

Necesitamos nuestras máscaras públicas para que nos acepten socialmente y controlar nuestra relación con todas las personas que vemos a diario. La sonrisa de plástico que mostramos a la persona sentada en la mesa de al lado en un restaurante o al compañero de ascensor forma parte de esta máscara pública tan necesaria.

A veces nos quitamos la máscara ante niños, sirvientes y conocidos íntimos, y con frecuencia nos resulta especialmente difícil mantenerla cuando estamos muy cansados, eufóricos, deprimidos o totalmente absortos haciendo algo. Para ver a alguien sin máscaras, mira a tu alrededor en un centro comercial en plena época de rebajas, observa el rostro de los parientes del difunto en un funeral o mira a alguien que esté enfrascado en la lectura de un libro.

Las máscaras también desaparecen en época de grandes crisis como guerras, incendios o inundaciones, cuando la gente se une para ayudarse mutuamente. En estos momentos, la necesidad de compañerismo y solidaridad es más fuerte que la necesidad de intimidad y despersonalización.

Pero nuestras máscaras nos proporcionan tanta seguridad que normalmente somos reticentes a prescindir de ellas cuando en realidad nos convendría más hacerlo. Algunas personas son víctimas de una gran pobreza emocional y una intensa soledad porque permanecen siempre ocultas detrás de sus máscaras. A veces necesitamos ponernos una máscara y ocultar nuestros verdaderos sentimientos, pero en ocasiones también es necesario liberarnos de ellas para mostrar quiénes somos realmente y comunicarnos sinceramente con los demás.

Las personas con carisma no tienen miedo de quitarse su máscara cuando les parece oportuno, porque saben que su carisma difícilmente puede transmitirse a través de una rígida protección. Permiten el contacto real con otras personas con frecuencia y les gusta mostrarse tal como son y obtener las recompensas pertinentes. Cuando se elimina una máscara, también desaparece la tensión que ésta crea y el poder carismático de un individuo aumenta. Para conservar una máscara se necesita dedicar cierto grado de energía que, en ocasiones, se aprovecharía mejor intentando fomentar el carisma.

Los desconocidos no pueden convertirse en amigos hasta que ambos se liberan de su máscara, y por este motivo es importante saber cómo atravesar las máscaras de los demás, así como deshacernos de la nuestra.

CÓMO CONVERTIR A LOS DESCONOCIDOS EN AMIGOS

La forma más eficaz de romper la barrera de otra persona es penetrando a través de ella haciendo que esa persona se sienta segura sin su protección. Esto puede conseguirse invadiendo su espacio personal, tal vez por contacto verbal, proximidad física o contacto visual prolongado, mientras se emiten intensas señales que dicen: «Soy inofensivo. Puedes liberarte de tu máscara con toda confianza.»

Muchas personas no saben cómo hacerlo, mientras que otras tienen sus dudas al respecto, de modo que probablemente tendrás que dar el primer paso si deseas que se produzca una interacción. Las personas con carisma suelen hacerlo sin ningún problema.

¿Cómo puedes hacer ver a los demás que estás interesado en conocerles, ya sea por primera vez o con mayor profundidad, al mismo tiempo que creas un ambiente cómodo y agradable que les permita arriesgarse a quitarse su máscara?

Al igual que el tono de una invitación indica qué tipo de reunión se celebrará, en cualquier encuentro, tus primeras palabras, actos y actitudes establecerán las bases de lo que seguirá a continuación. En general la gente reflejará tu actitud, de modo que es conveniente adoptar el comportamiento

126

que desees ver en los demás. Si quieres que la otra persona se quite su máscara, primero quítate la tuya. Si quieres recibir amistad, muéstrate amistoso y confía en que la otra persona también lo sea. Si quieres gustar, demuestra que él o ella te gusta. A todos nos gustan las personas a quienes gustamos.

A continuación trataremos algunos de los mensajes no verbales más importantes que te ayudarán a transmitir tu interés y tu deseo de abrirte y conocer a los demás. Es importante dominar el uso de estos recursos para desarrollar tu carisma.

Sonreír

Una sonrisa sincera es probablemente la señal más efectiva y universalmente reconocida como una muestra de amabilidad. Es un regalo de sentimientos positivos que ofreces a los demás porque, cuando te ven sonreír, ellos también experimentan una sensación parecida. Esta transferencia de sentimientos es un recurso muy utilizado por los actores que consiguen que el público sienta las emociones que ellos comunican, y también por los publicistas que utilizan a sonrientes modelos para que los posibles clientes asocien la sensación de felicidad y bienestar con sus productos.

El acto de sonreír puede realmente ayudarte a sentirte más feliz porque el sentimiento que expresas con tu rostro provoca que tu sistema nervioso experimente los cambios que normalmente se asocian con esa emoción. Así pues, sonreír por fuera te hace sonreír por dentro.

Si eres tímido o inseguro, probablemente evitas que tu rostro refleje ninguna emoción, creando así un aspecto de tensión. A la gente le gustan las personas que son expresivas, de modo que intenta mostrar tus sentimientos. Serás más feliz y los demás te encontrarán más interesante.

Postura abierta

Permanecer con los brazos y las piernas sin cruzar, cruzadas hacia la otra persona o ligeramente separadas son posturas corporales abiertas. Con ellas comunicas a los demás que estás interesado en ellos y lo que han de decirte. Colocar el cuerpo de modo que estés frente a frente con una persona también indica el deseo de comunicarte con ella.

Si cuando estás tenso te dejas llevar por la tendencia natural de colocarte en posturas cerradas (brazos cruzados pegados al cuerpo y piernas cruzadas en dirección opuesta a la otra persona o muy juntas), sólo conseguirás aumentar tu ansiedad y, al mismo tiempo, indicarás a los demás que estás nervioso o poco interesado. Volver la cara a la otra persona también transmite señales negativas. Si intentas mantener posturas abiertas cuando estás nervioso, te ayudarán a relajarte y enviar mensajes positivos a los demás. Al igual que sonreír puede hacerte sentir más feliz, mantener posturas abiertas puede hacerte más receptivo.

No olvides que una persona puede tener varios motivos para mantener una postura cerrada. Los brazos cruzados pueden indicar desacuerdo, testarudez o simplemente que esa persona es fría. Cruzar las piernas puede ser un gesto habitual e independiente de los sentimientos de un individuo. Observa a grupos de gente y comprobarás que, en muchos casos, todos transmiten el mismo mensaje. También debes tener en cuenta el contexto de la situación, sólo entonces podrás interpretar correctamente la actitud de una persona. Por ejemplo, si un individuo está con los brazos cruzados, aprieta los labios y tiene una expresión facial neutra, es probable que no esté dispuesto a establecer contacto con los demás.

Inclinarse hacia adelante

Todos nos acercamos a las personas que nos gustan y nos alejamos de las que no nos gustan de forma natural.

Inclinarse es una forma de indicar interés sin mostrarse abrumador. Antes de iniciar una conversación demuestra interés, y con frecuencia es una invitación a establecer contacto verbal. Durante una conversación, indica a la otra persona que prestas atención a sus palabras.

Tocar

El contacto físico causa una intensa y positiva impresión en los demás, incluso aunque sea un roce tan leve y accidental como el de un cajero o cajera que nos devuelve el cambio. El contacto físico puede transmitir sinceridad, preocupación, solidaridad o afecto y favorece la aparición de sentimientos positivos, además hace que cualquier encuentro sea más personal y significativo.

Los estudios realizados revelan que, cuando tocamos a alguien, es más probable que esta persona nos encuentre afectuosos y más comprensivos que si no la hubiéramos tocado. Por este motivo, el contacto físico es un recurso muy utilizado por los vendedores que desean ganarse a sus clientes y los políticos que quieren conseguir votos.

A pesar de que la necesidad de contacto físico sea universal e innata, la timidez, la inseguridad y el miedo a la reacción de los demás pueden hacernos reprimir el intistinto natural de expresar nuestros sentimientos por los demás a través del tacto. Por desgracia, dudamos especialmente ante las personas de avanzada edad y los discapacitados, aquellos que probablemente se beneficiarían más del contacto físico.

¿Cuándo se recibe bien el contacto físico? Cuando es una extensión de la personalidad de un individuo y la expresión de sus verdaderos sentimientos. Cada persona tiene un concepto difcrente de lo que es natural. Algunos saben intuitivamente cuándo y cómo deben tocar, sólo necesitan darse permiso a sí mismos para hacerlo. Otros deben aprender a desarrollar su capacidad de «interpretar» a los demás y perfeccionar sus técnicas.

La forma de contacto físico más común entre desconocidos es el apretón de manos. Ofrece tu mano con confianza, mira a los ojos a tu interlocutor y sonríe. Da la mano con firmeza y apretando levemente, ni poco ni demasiado. Esto dice a los demás que eres una persona segura de ti misma y estás contenta de conocerles. Los apretones de manos lánguidos y tímidos causan una mala impresión de forma instantánea.

Pero no te limites a los apretones de manos. Busca otras oportunidades de establecer contacto físico, tal vez tocando la mano o el antebrazo de alguien cuando quieres expresar entusiasmo o preocupación durante una conversación, o dando un golpecito en el hombro de un amigo al pasar. Haz que el contacto sea suave, espontáneo y breve si no quieres que se interprete como una actitud demasiado personal. En general, cuanto más prolongado sea el contacto, más intenso será el mensaje no verbal.

Si quieres investigar cómo se recibirá tu primer intento, intenta tocar algo que pertenezca a la otra persona, algo que lleve puesto, sujete o mantenga a su lado, como por ejemplo un maletín, bolso, reloj o libro. La gente siente algo especial por sus posesiones. El hecho de tocar uno de estos objetos normalmente provocará una reacción similar, aunque menos intensa, que la que provocarías si tocaras su cuerpo.

Si notas que en ocasiones la gente se pone tensa y/o se aleja de ti, intenta descubrir si tu contacto físico ha sido demasiado fuerte o prolongado o quizá se ha producido demasiado pronto o en una situación demasiado íntima. Los desconocidos se sienten más seguros en lugares públicos. También debes ser consciente de que el contacto físico, sea cual sea su naturaleza, resulta muy incómodo para algunas personas. Una persona con carisma es capaz de distinguir que una persona se siente de este modo y mantiene las distancias como muestra de respeto.

Otra forma más personal de tocar es abrazar. Si recelas de los abrazos frente a frente, intenta experimentar los abrazos de lado. Suelen aceptarse con mayor facilidad que los abrazos que implican el contacto de todo el cuerpo.

He visto algunas pegatinas con la frase: «¿Has abrazado hoy a tu hijo?» Nadie es nunca demasiado mayor para dar o agradecer un abrazo.

¿Cuándo fue la última vez que abrazaste a tu hijo o hija, amigo o amiga, padre o madre, abuelo o abuela? Si no estrechas la mano ni abrazas a tus amigos y familiares, estás perdiendo una maravillosa oportunidad de hacerles saber lo mucho que significan para ti y lo contento que estás de poder disfrutar de su compañía. Expresando estos sentimientos también conseguirás que los demás te consideren especial, ya que existen muchas personas que no se atreven a hacerlo. Las personas con carisma expresan libremente sus sentimientos por los demás a través del contacto físico, de modo que acostúmbrate a tocar: acaricia la nuca, frota la espalda, da la mano, abraza. Comprobarás que puede ser una experiencia muy gratificante.

Contacto visual

El inconfundible brillo que baila en los ojos de una persona feliz y segura de sí misma atrae nuestra atención de forma inmediata. Sentimos fascinación y curiosidad y queremos saber más.

Cuando experimentamos una emoción intensa —por ejemplo alegría, ira o una fuerte atracción—, nuestras pupilas se dilatan, enviando poderosos mensajes subliminales a los demás. Además, cn estos momentos las glándulas lacrimales aumentan su producción, dando a nuestros ojos ese brillo tan especial. Los ojos de una persona triste, enferma o apática carecen de ese brillo. La posición de las cejas y la tensión muscular de los párpados y la zona que rodea los ojos también influyen en la mirada.

Observa tus ojos en un espejo. ¿Estás enviando claras señales de alegría y emoción? En caso negativo, intenta recordar el momento de tu vida en que experimentaste una mayor emoción, el instante más cercano al éxtasis que hayas conocido. Concéntrate en esa experiencia y en cómo te sentiste entonces. Revive aquellos momentos mentalmente hasta que vuelvas a experimentar la misma emoción. Siente ese flujo de energía positiva que irradia de tus ojos.

Ahora dibuja una gran sonrisa, tensando y levantando los músculos de las mejillas y arrugando las comisuras de los ojos. Deja que la sonrisa desaparezca lentamente manteniendo los músculos faciales en la misma posición. Vuelve a observar tus ojos en el espejo. ¿Brillan? Ésa es una mirada carismática. Con práctica serás capaz de conseguir estas miradas cuando lo desees y, cada vez que lo hagas, te sentirás tan feliz como si volvieras a experimentar las emociones asociadas con la mirada. Esto ocurre gracias al mismo mecanismo de reacción que se pone en marcha cuando estar de pie te hace sentir más seguro de ti mismo o no cruzar los brazos ni las piernas te hace sentir más receptivo.

Para alcanzar su máximo poder, la mirada carismática necesita dirigirse adecuadamente y durante el espacio de tiempo apropiado. En nuestra cultura, reservamos las miradas neutras que duran un segundo para las personas y las cosas que no nos interesan mucho. Nuestra mirada las recorre y se aleja de ellas sin interés, o se centra en ellas por un instante y después se aparta repentinamente. Estas miradas casi rebajan a los demás como si no fueran nada. En algunas situaciones, incluso pueden indicar rechazo. En general, las miradas que duran un segundo difícilmente atraerán la atención de los demás. Sin embargo, las miradas carismáticas de un segundo dicen: «Hola. Reconozco tu calidad de ser humano y estoy contento de que tu camino se haya cruzado con el mío.» Envían un mensaje de buena voluntad que los demás suelen notar y apreciar.

La mirada neutra que dura dos segundo suele considerarse como una muestra de educación en la mayoría de situaciones. Esta mirada dice sin ningún tipo de emoción: «Pienso que eres digno de ser mirado.» La mirada carismática de dos segundos dice: «No sólo eres digno de ser mirado, sino que eres especial, y te he elegido para compartir mis sentimientos positivos contigo.»

Una mirada normal que dure tres segundos transmite un claro interés. Aunque a veces se confunde con una mirada fija, de hecho es una forma de hacer un cumplido no verbal a los demás y les invita a acercarse más, sonreír o hablar. Sin embargo esta mirada desprovista de sentimientos no garantiza que se produzcan este tipo de reacciones y, sin garantías, muchas personas no se atreven a correr ese riesgo. Una mirada carismática de tres segundos proporciona esas garantías y transmite la energía necesaria para que ocurran cosas. La gente reacciona a la intensa química, consciente de que ocurre algo interesante. Algunos sienten el impulso de iniciar una conversación, mientras que otros envían señales que indican la recepción del mensaje y esperan a que la otra persona haga el siguiente paso.

Las miradas de cuatro segundos o más se consideran de mala educación. La intensidad de un contacto visual tan prolongado suele ser insoportable. La mayoría de la gente desvía la mirada de forma instantánea, aunque también es posible que alguien reaccione devolviendo la mirada con ira. Se considera aceptable mirar fijamente objetos, pero no a personas. Una mirada carismática de cuatro segundos también puede resultar incómoda para muchas personas.

Por otra parte, durante una conversación, mantener el contacto visual ayuda a causar una impresión positiva. La duración de la mirada dice mucho de ti mismo a los demás. En función del contexto de la situación y del lenguaje corporal que lo acompañe, mantener el contacto visual transmite un mensaje:

> Estoy escuchando con toda mi atención y me interesa lo que dices.
>
> Me gustas.
>
> Estoy relajado y me siento seguro de mí mismo.
>
> Soy sincero y honesto.

Evitar el contacto visual o reducirlo a la mínima duración posible dice:

> Me aburro y pienso en cosas que no tienen nada que ver con lo que estás diciendo.
>
> No me gustas.
>
> Estoy nervioso o me siento inseguro.
>
> Me siento culpable. Me muestro evasivo, oculto algo o miento.

Las personas con carisma demuestran su sinceridad, honestidad, seguridad en sí mismas e interés mirando a su interlocutor con la frecuencia y duración que resulten cómodas para ambos y sólo desvían la mirada ocasionalmente para imaginar, recordar, reflexionar o suavizar la intensidad de una mirada fija.

Cuando hacen cumplidos o están enfrascados en una conversación positiva, las personas con carisma aumentan el contacto visual al máximo, sabiendo que con ello acentuarán las buenas vibraciones que transmiten a su interlocutor.

Cuando la conversación es negativa, como por ejemplo en caso de que una persona critique a la otra, una persona con carisma reduce el contacto visual para no acentuar las vibraciones negativas.

Puedes causar una mejor impresión, incluso cuando te sientas inseguro o tímido, forzándote a establecer y mantener contacto visual con la persona con quien estés hablando.

Cuando sea necesario interrumpir el contacto visual directo y «no sepas adónde mirar», intentar dirigir tu mirada hacia el rostro de tu interlocutor.

Si siempre pones en práctica el contacto visual propio de una persona tímida, sólo conseguirás perpetuar la imagen de timidez. Si deseas cambiar, practica los hábitos de contacto visual propios de las personas seguras de sí mismas.

Asentir con la cabeza

Cuando se mantiene una conversación con otra persona, asentir con la cabeza indica que estás escuchando y participando. Si no haces ningún movimiento, los demás pueden suponer que no te interesan sus palabras, no estás de acuerdo con ellas o no las comprendes.

Asentir con la cabeza una vez significa: «Sí, estoy de acuerdo.»

Asentir varias veces de forma más lenta significa: «Ya entiendo, cuéntame más.»

Asentir más rápidamente significa: «Ya entiendo. Estoy de acuerdo. Quiero decir algo.»

Asentir con la cabeza es un recurso muy importante para una persona que participa activamente en una conversación.

Cómo, cuándo y cuánto

Probablemente en alguna ocasión has conocido a una persona que enseguida te pareció demasiado abrumadora o se tomó demasiadas confianzas. Tal vez este individuo hablaba en voz muy alta cerca de tu rostro, te tocaba la mano o el brazo o se apoyó en tu hombro. ¿Te sentiste acosado e intentaste alejarte? Un individuo que se muestre demasiado enérgico, vehemente o apremiante puede ahuyentar a los demás.

Cuanto más mires, toques o te acerques a una persona, más intenso será el mensaje. La intensidad que se crea al utilizar demasiadas señales no verbales al mismo tiempo puede resultar excesiva, especialmente cuando conoces a alguien por primera vez. Y también puede ocurrir lo mismo en encuentros posteriores si la otra persona es tímida, insegura, introvertida o distante.

Es importante distinguir cuándo es necesario suavizar el efecto de la señales que transmitimos. ¿Cómo puedes saber cuáles utilizar y cuándo? Empieza recurriendo a la señal menos amenazadora: mantener las distancias con la otra persona. La distancia física apropiada cuando se conoce a alguien por primera vez varía de ochenta centímetros a un metro y medio. Si la relación parece desarrollarse bien, tal vez puedes intentar acercarte un poco más, pero detente a medio metro. Una distancia menor resulta demasiado íntima.

En segundo lugar, las señales menos amenazadoras son situarse cara a cara y mirar a los ojos. Si te has acercado hasta medio metro de distancia de tu interlocutor, sería recomendable que te alejaras un poco para que el contacto visual prolongado no resulte demasiado abrumador.

136

La tercera señal menos amenazadora es inclinarte hacia tu interlocutor. También puedes reducir el impacto de este mensaje aumentando la distancia que os separa.

Obviamente, la señal más directa y más intensa es el contacto físico, porque se comete una invasión del territorio personal de un individuo. Aparte del apretón de manos, la única forma de contacto físico aceptable en un primer encuentro es el roce «accidental» de manos o brazos cuando se entregan objetos, o del cuerpo cuando se está en un lugar lleno de gente como un autobús, cine o ascensor. En general, el contacto físico se acepta bien cuando es rápido, sobre todo cuando una persona actúa de este modo para intentar expresarse mejor. Cuando el contacto físico es una extensión natural de la personalidad del individuo, puede ser más prolongado y ayudar a obtener la confianza de los demás con increíble rapidez.

Cuando me presentaron al famoso golfista profesional Arnold Palmer, inmediatamente me di cuenta de que también era muy bueno tratando a la gente. Sus delicados y educados modales y su encantadora sonrisa hubieran bastado para que me sintiera fascinada, pero su forma de tocar le añadía un encanto especial e irrestible. Me tocó la mano o el brazo aproximadamente durante la mitad del tiempo que estuvimos hablando. Rodeó mi cintura con su brazo cuando posamos para una fotografía y no lo retiró inmediatamente después. Yo era consciente de que el contacto físico prolongado formaba parte de su personalidad y había observado que se comportaba del mismo modo con otras personas, aunque no por ello me sentía menos fascinada.

También recuerdo cuando conocí al empresario del sector de ventas por correo E. Joseph Cossman. Me tomó la mano o apoyó la suya en mi brazo u hombro prácticamente durante todo el tiempo que hablamos. El contacto físico parecía formar parte de su dinámica y extrovertida personalidad, de modo que me hacía sentir muy cómoda y no resultaba nada amenazador.

Cada persona tiene un concepto diferente de lo que debe ser el contacto físico. Aquello que funciona para ti puede parecer artificial o incluso ofensivo para otra persona. Desarrolla un estilo que te resulte cómodo a ti y varía la intensidad del contacto en función de la personalidad, el estado de ánimo, la sensibilidad y las preferencias de aquellas personas con quienes te relacionas. Recuerda que las personas con carisma poseen la habilidad de combinar el delicado equilibrio entre la expresividad y el autocontrol de sus sentimientos con la capacidad de actuar en función de la respuesta que obtienen de las demás.

OLORES Y FRAGANCIAS

La vista y el tacto no son los únicos vehículos de comunicación no verbal. Los estudios realizados revelan que los olores muy débiles, tanto que ni siquiera somos conscientes de su existencia, pueden influir en nuestra respiración, presión sanguínea y ritmo cardiaco. Probablente reaccionamos ante los olores de los demás de forma inconsciente.

Muchas especies de insectos y vertebrados producen unas sustancias naturales llamadas feromonas que transmiten intensas señales olfativas capaces de atraer a una pareja, solicitar ayuda o advertir de un peligro.

Las feromonas son olores que todos emitimos, especialmente cuando tenemos miedo, estamos nerviosos o sexualmente excitados. Sin embargo, en nuestra cultura hacemos todo lo posible por eliminarlos. Irónicamente, la misma industria que intenta que eliminemos nuestro propio olor añade feromonas animales a ciertos perfumes y aguas de colonia porque se ha demostrado que tienen una gran capacidad de atracción.

Durante siglos, los habitantes de casi todas las culturas han utilizado fragancias para aumentar su magnetismo, y en la actualidad es prácticamente innegable que este recurso funciona. Sin embargo parecería lógico que la combinación de una fragancia y el olor natural del cuerpo humano causara un efecto más intenso en los demás.

Para no eliminar ciertas feromonas, es preferible utilizar desodorantes inodoros. El perfume, el agua de colonia y las lociones para después del afeitado deben usarse con moderación, sobre todo en el caso de los hombres. A muchas mujeres les gusta el olor a «limpio» del cuerpo masculino con una suave fragancia que pueda notarse en distancias cortas. Es interesante notar que el aroma preferido por muchas mujeres es muy similar a la androsterona, la sustancia natural que los hombres segregan cuando están excitados.

Los hombres no perciben las señales aromáticas con tanta facilidad como las mujeres. Para transmitir su mensaje, las mujeres deben aplicar suficiente perfume en determinadas zonas como la nuca, los puños, la parte interior del codo o detrás de las rodillas para que puedan notarse desde una distancia aproximada de medio metro. Si no sabes qué cantidad utilizar, es preferible equivocarte por poco que por demasiado, o pídele a un amigo que te indique a qué distancia puede oler el perfume. Las personas que desprenden olores demasiados intensos pueden causar una impresión negativa en los demás.

Capítulo 9

Dominar el uso de mensajes

Lo que sentimos en nuestro corazón, lo expresamos con nuestro cuerpo.

Las personas con carisma tienen su propio estilo de comunicación no verbal que añade vida a sus palabras, clarifica su significado, enfatiza puntos importantes y favorece que produzcan una impresión más duradera, porque recordamos mucho más lo que vemos que lo que oímos. Y sus gestos mantienen el interés de los demás porque el movimiento atrae al ojo humano. Aunque la posturas y gestos concretos difieran de una persona a otra, en todos los casos constituyen una afirmación positiva de seguridad en uno mismo, deseo de abrirse a los demás, convicción y entusiasmo. Nos resulta sencillo creer en una persona así porque sus mensajes verbales y no verbales se complementan y cada uno reafirma la validez del otro.

MENSAJES CONTRADICTORIOS Y CÓMO SABOTEAN EL CARISMA

Si tú dices algo y tu cuerpo dice lo contrario, tu cuerpo tendrá mayor credibilidad. Un rostro que refleje miedo y una mano que se aferre fuertemente a un objeto delatarán inmediatamente a una persona aunque asegure que no está asustada. Cuando los mensajes verbales y los no verbales son contradictorios, se debilita la imagen que proyecta una persona. Por el contrario, cuando los mensajes no verbales reafirman y complementan a los verbales, se reforzará la impresión que una persona causa en los demás. Cuando además los gestos sean expresivos, aumentarán el carisma de un individuo.

El líder evangelista norteamericano Billy Graham utiliza una serie de gestos muy bien estudiados que añaden intensidad emocional a sus mensajes verbales. La poderosa combinación de mensajes verbales y no verbales ayuda a crear su aura. Otros predicadores también utilizan un lenguaje corporal muy expresivo.

Desde hace mucho tiempo, los políticos también son conscientes de la importancia de utilizar el lenguaje corporal para complementar sus palabras y mejorar su imagen. Muchos han alcanzado el éxito en parte gracias a su capacidad de proyectar una determinada emoción a través de su cuerpo. Con frecuencia lo que decían no era tan importante como el modo de decirlo. Otros políticos han fracasado porque no han sido capaces de desarrollar esta habilidad. En estos casos, el lenguaje corporal desvirtuaba o incluso contradecía sus palabras, o bien proyectaban una imagen poco amistosa, indigna de confianza o torpe.

Tú puedes mejorar tu imagen y la impresión que causas en los demás, así como aumentar la credibilidad de tus palabras, practicando posturas y gestos expresivos que refuercen tus mensajes verbales hasta que se conviertan en un elemento permanente de tu repertorio no verbal. Esto significa experimentar plenamente tus verdaderos sentimientos y ser capaz de expresarlos con un movimiento. Si eres incapaz de hacerlo, es posible que aún no hayas superado el miedo de ser tú mismo.

CÓMO PERFECCIONAR EL LENGUAJE CORPORAL

La mayoría de la gente se sorprende mucho cuando se ve en una grabación de vídeo. Hasta que no se ven como les ven los demás, la mayoría de personas no son conscientes de los mensajes que habitualmente transmiten con su lenguaje corporal.

Si no obtienes la respuesta deseada, es muy probable que no la solicites adecuadamente. Ser consciente de los mensajes que comunicamos y qué no conseguimos comunicar es el primer paso para adoptar un lenguaje corporal que atraiga a los demás.

Los personajes públicos son capaces de observar los mensajes corporales de los demás y utilizarlos para interpretar las intenciones, implicaciones y estados de ánimo no verbalizados. Al desarrollar esta habilidad, también ganan mayor consciencia de su propio lenguaje corporal y, por consiguiente, una mayor dominio sobre éste. Tú también puedes obtener estos beneficios si te habitúas a fijarte en los demás.

Observa a la gente en lugares concurridos como restaurantes y fiestas y en el trabajo. En los encuentros personales, observa cómo te afectan los mensajes corporales de los demás.

Cuando mires la televisión, sobre todo aquellos programas donde aparezcan individuos muy expresivos, elimina el sonido durante unos minutos. Después vuélvelo a poner y compara los mensajes verbales con los no verbales hasta que seas capaz de interpretar correctamente lo que ocurre observando sólo el lenguaje corporal.

Piensa en las posturas, gestos y movimientos que utilizas normalmente. ¿Qué comunican? ¿Cuáles podrías eliminar o cambiar para mejorar la imagen que proyectas? ¿Cuáles de aquellos que has observado en otras personas y consideras positivos podrías adoptar? Practícalos hasta que se conviertan en automáticos.

CÓMO EVITAR EL EFECTO NEGATIVO DE LOS MENSAJES CONFUSOS

Muchas personas transmiten de forma inconsciente mensajes contrarios a lo que desearían. Estas falsas señales pueden confundir o engañar fácilmente a los demás. Por ejemplo, tal vez te consideras una persona amable que desea hacer nuevos amigos, pero si una parte de ti tiene miedo de conocer a gente, esa reticencia puede manifestarse fácilmente en posturas y movimientos rígidos que te hacen parecer inaccesible.

Si sospechas que no estás enviando mensajes claros y sinceros, intenta identificar qué sentimientos te impiden hacerlo y analízalos en profundidad. Trata de resolver el conflicto. Piensa cuál es el mensaje que realmente quieres transmitir y cómo puedes conseguirlo. Reemplaza los viejos y confusos mensajes con otros nuevos que digan claramente lo que deseas. Seguramente te sorprenderás de cuánto mejorará la respuesta de los demás.

CÓMO SER MÁS EXPRESIVO

Si eres tímido y te resulta difícil expresar tus sentimientos, puedes aprender a ser más expresivo practicando gestos, movimientos y expresiones faciales que hayas observado en los demás y consideres efectivos. Exagéralos. Ríete de ti mismo mientras los practicas hasta que te sientas cómodo con ellos y puedas adoptarlos para reemplazar tus antiguos e inexpresivos movimientos. A algunas personas les resulta muy útil practicar delante de un espejo, mientras que a otras les hace sentir incómodas. Prueba varios sistemas para determinar cuál funciona mejor en tu caso. Si te resulta difícil relajarte, busca unos minutos para estar a solas. Pon música alegre y baila durante diez minutos como mínimo: salta, agáchate, gira, mueve los brazos y la cabeza. Libérate de toda la tensión y deja que tu cuerpo siga el ritmo de la música. Cuando te sientas realmente relajado, intenta poner en práctica los mensajes corporales que deseas aprender.

Si crees que todavía controlas demasiado tu expresión facial, cierra los ojos y tensa y relaja diferentes músculos del rostro, concentrándote en cómo responde cada uno y qué sentimiento o sentimientos te ayudan a liberar. Practica expresiones que reflejen diferentes estados de ánimo, como por ejemplo satisfacción, alegría o ansiedad. Intenta también combinar expresiones, como por ejemplo sorpresa y emoción o alegría e ilusión. Exagéralas y mantenlas durante cinco segundos. Repítelas hasta que te sientas cómodo con ellas.

Cuando confíes en tu capacidad de utilizar los nuevos mensajes corporales de forma eficaz, pruébalos en contextos poco amenazadores, tal vez con amigos íntimos, y observa su reacción. Después empieza a utilizarlos en situaciones más arriesgadas, como por ejemplo una fiesta donde conozcas a poca gente. Ser expresivo pronto formará parte de tu comportamiento habitual.

CÓMO ESTAR «EN LA MISMA ONDA» QUE LOS DEMÁS

Seguro que en alguna ocasión has visto a una pareja enfrascada en una conversación que no podías oír; sin embargo supiste que había una buena relación entre ellos y ambos se gustaban mutuamente. Tanto si eras consciente de ello como si no, estabas observando el lenguaje corporal armónico de dos personas que estaban en la misma onda. Una persona se inclina hacia adelante y apoya un codo sobre la mesa. Pasados unos diez segundos, la otra persona también se inclina hacia adelante y apoya un codo sobre la mesa. Una inclina la cabeza hacia un lado y, al cabo de pocos instantes, la otra le imita.

Cuando dos personas están relajadas y se gustan, inconscientemente se mueven del mismo modo. En ocasiones incluso respiran al mismo ritmo. Esta actitud crea una sensación de armonía a la que nos referimos como «estar en la misma onda». En estos momentos, una persona se siente especialmente bien junto a otra y viceversa.

Se pueden establecer buenas vibraciones con otra persona imitando conscientemente sus movimientos. Si ella traspasa el peso de su cuerpo de una pierna a otra, espera unos diez segundos y haz lo mismo. De este modo conseguirás que la otra persona empiece a reflejar tus movimientos de forma espontánea. Esta conexión rítmica puede establecerse incluso antes de que se pronuncie una palabra, aumentando la probabilidad de ser bien recibido e iniciar finalmente una comunicación verbal.

También es importante observar el ritmo natural de la otra persona: la frecuencia y rapidez con se mueve o habla. Una persona que se mueve mucho y habla muy deprisa tendrá dificultades para entrar «en la misma onda» que una persona cuyos movimientos y palabras sean lentos. Para reflejar los gestos de alguien, es preferible ajustar el propio ritmo al de esa persona. Sin embargo siempre debemos tener en cuenta que los ritmos forzados son difíciles de mantener, porque normalmente recuperamos nuestro ritmo natural sin darnos cuenta porque nos sentimos más cómodos.

146

En cierto modo, reflejar los movimientos de los demás te ayudará a parecerte a ellos. Una persona se siente más segura en compañía de otro individuo que actúe de este modo. El hecho de hallarse en la misma situación o participar en la misma actividad que otra persona, como por ejemplo comer, leer o ir en bicicleta, también ayuda a crear una sensación de unidad que aumenta la armonía entre dos individuos. Casi todo el mundo se siente cómodo en estas situaciones, aunque normalmente no sabe por qué.

Las personas con carisma saben reconocer el momento en que se interrumpe el flujo de buenas vibraciones. Cuando una persona dice o hace algo que incomoda a la otra, siempre existe alguna señal que indica que algo no va bien, como por ejemplo un silencio, un brusco cambio de postura, evitar la mirada de la otra persona, apartarse de ella o dejar de reflejar sus movimientos.

¿Qué puedes hacer para eliminar la incómoda sensación de distanciamiento y recuperar la conexión? Haz una breve pausa para dar un poco de tiempo y espacio a la otra persona. Lo más probable es que ella recurra a algún mensaje corporal positivo para solucionar la situación incómoda. Intenta adaptarte lentamente a los nuevos gestos, movimientos y ritmo de esa persona. Intenta descubrir la causa de la desconexión. Si sospechas que es algo que has dicho, cambia tu forma de abordar el tema o cambia de tema directamente. Cuando creas que la otra persona se siente cómoda, empieza a intensificar lentamente tus mensajes no verbales.

Reflejar los movimientos y gestos de otra persona no sólo puede ayudarte a mejorar la relación, sino que también puedes utilizar esta técnica para comprobar cómo alguien responde ante ti. Emite una señal, como por ejemplo apoyar los dos antebrazos sobre la mesa o cruzar las piernas, y observa si la otra persona hace lo mismo. Tal vez necesitarás hacerlo varias veces antes de obtener resultados pero, si esa persona se siente a gusto contigo, es probable que no tarde en imitar tus gestos.

Ser conscientes de nuestro comportamiento y del de los demás y ser capaces de reaccionar son las claves para estar en armonía con otra persona.

CÓMO CONVERTIR LA ANSIEDAD, EL NERVIOSISMO Y EL MIEDO EN UNA EXPLOSIÓN DE ENERGÍA CARISMÁTICA

Muchos actores, músicos y oradores profesionales son conscientes de que el nerviosismo que experimentan antes de salir al escenario puede ayudarles a actuar mejor y con mayor vitalidad. Han desarrollado la capacidad de convertir su ansiedad en entusiasmo. Así pues, ¿por qué tu timidez y miedo en ciertas situaciones no puede contribuir a mejorar tu actuación en lugar de empeorarla?

Existen muchos estados de ánimo diferentes que provocan una excitación fisiológica: el corazón late más deprisa y la adrenalina fluye intensamente por todo el cuerpo. Estamos excitados.

Cuando esta excitación es de naturaleza positiva, somos capaces de pensar con mayor rapidez y claridad y responder mejor y más rápidamente que en otros momentos. Pero cuando la excitación es negativa, como cuando estamos asustados o nerviosos, pensamos más despacio y con menor claridad y no respondemos tan satisfactoriamente.

Si ambos estados emocionales son variaciones de la misma excitación física, ¿por qué uno nos ayuda a ser más interesantes y el otro nos hace causar una mala impresión? Porque cuando la excitación es el resultado del nerviosismo u otra emoción negativa, luchamos para eliminar la energía que ha aumentado. Intentamos reprimirla tensando los músculos y contiendo la respiración. Tal vez utilizamos esta intensa energía para cerrar los puños con fuerza o tensar la nuca, las espaldas o el cuello. Es posible que nos tiemblen las manos o las piernas o experimentemos otros síntomas típicos. Entre tanto, estamos privándonos del oxígeno que tanto necesitamos respirando a un ritmo irregular o entrecortado. Nuestros movimientos son artificiales y se reduce nuestra capacidad de reaccionar adecuadamente. Se congela la energía y también el carisma, porque la tensión y el carisma suelen ser incompatibles.

Por el contrario, cuando nuestra excitación es el resultado de una intensa alegría, entusiasmo u otra emoción positiva, nuestros músculos se relajan y la energía se expresa hacia el exterior, hacia los demás. Somos especialmente expresivos y reaccionamos de forma óptima.

Los individuos con carisma producen esta energía libre de tensión en abundancia gracias a su amor por sí mismos, la vida, la gente. Este amor no conoce límites ni obstáculos.

¿Cómo puedes liberar la energía desaprovechada que produces cuando te sientes mal? En primer lugar, relaja todos los músculos tensos e intenta respirar lenta y profundamente. Piensa que sólo tú controlas la energía y puedes dirigirla hacia donde quieras. Experiméntala como una fuerza positiva que aumenta tu fuerza y tu capacidad de tener éxito, y utiliza este poder para emprender la actividad que te asusta. No hay nada tan efectivo para reducir el miedo como experimentarlo y descubrir que puedes dominar lo que antes ha paralizado tus recursos. Para liberar la energía desaprovechada se necesita práctica, pero el esfuerzo merece la pena.

Cómo conseguir la ayuda de tu subconsciente

Si a un niño le dicen con frecuencia que es torpe o muy malo en matemáticas, es probable que llegue a ser realmente torpe o malo en matemáticas. Los ladrones que piensan en sí mismos como ladrones seguirán robando, al igual que las personas obesas que se ven obesas seguirán comiendo en exceso, y aquellas personas que se consideran fracasadas seguirán fracasando. ¿Por qué? Porque las personas, aunque no somos conscientes de ello, intentamos vivir en función de la imagen que tenemos de nosotras mismas. Esta imagen está encerrada bajo llave en el subconsciente, que da forma a las imágenes que almacena. Este concepto tan importante repercute directamente en la capacidad de proyectar el carisma personal.

Si consideras que eres tímido e introvertido, tu subconsciente hará que actúes, sientas y te comportes como una persona tímida e introvertida, haciendo que la timidez y la introversión se conviertan en realidad. Para ser una persona con carisma, necesitas cambiar la imagen que tienes de ti mismo y verte como una persona carismática. Cuando lo hagas, tu subconsciente te hará actuar, sentir y comportarte como una persona con carisma.

¿Cómo puedes conseguir que tu subconsciente forme esta nueva imagen de ti? Obligándote a actuar como una persona carismática. Puedes hacerlo de dos formas diferentes: imaginándolo o realmente experimentándolo. El método más efectivo consiste en hacer ambas cosas.

Empieza observando los mensajes no verbales que emiten las personas a quien desarías conocer. Fíjate especialmente en aquellas señales que indiquen seguridad, entusiasmo, amabilidad e interés por los demás. Busca a personas

150

que te parezcan carismáticas —tal vez un conocido, un presentador de televisión o el personaje de una película— y obsérvalas atentamente, fijándote en los movimientos, gestos y expresiones que consideres que aumentan su atractivo. Para empezar a reprogramar tu subconsciente, ponte en una postura cómoda y cierra los ojos. A continuación relaja tu cuerpo, poco a poco, mientras respiras lenta, profunda y regularmente. Cuando te sientas totalmente relajado, visualiza la persona más carismática que hayas observado o imagina una combinación de todas las que hayas visto. Concéntrate en esa persona hasta que sientas el poder de su atracción. Después reemplaza el rostro y el cuerpo de esa persona por los tuyos. Imagínate sentado, en pie, caminando y saludando a otras personas como lo haría la persona carismática que has visualizado antes. Imagínate exactamente como desearías ser: muy seguro de ti mismo, con un control total de la situación, relajado y sonriente.

Imagina y siente que estás envuelto en una brillante nube de luz que irradia un intenso poder carismático. Siente el poder de la luz que emana de tu cuerpo. Repite: «Mi poder carismático crece día a día y se hace más intenso.» Experimenta la satisfacción de comprobar que la gente responde positivamente a la energía que emites. Todos se sienten atraídos por la brillante luz de tu poder carismático.

Repite este ejercicio de visualización mental durante cinco minutos al menos una vez al día. Los momentos más adecuados para hacerlo son antes de dormirte por la noche y antes de levantarte por la mañana, cuando no estás totalmente despierto ni dormido y pasas de un estado mental a otro. En estos momentos estás especialmente receptivo a la visualización. Es importante variar el escenario de tus películas mentales para que siempre sean nuevas e interesantes y puedas experimentar tu carisma en diferentes contextos y situaciones. Imagina que cada vez estás en lugares distintos con personas diferentes.

El siguiente paso para conseguir que tu subconsciente te ayude a proyectar carisma consiste simplemente en actuar como si lo tuvieras, utilizando los mismos mensajes no verbales que has experimentado con éxito en tus visualizaciones. La clave del éxito es la práctica, porque al igual que tu personalidad influye en tu lenguaje corporal, tu lenguaje corporal también influye en tu personalidad. Cuando imitas con frecuencia los gestos de una persona segura de sí misma, por ejemplo, empiezas a sentirte más seguro, lo cual a su vez hace que te resulte más fácil actuar con seguridad.

Al principio interpretarás el papel mentalmente y después en el mundo real. Cuando te sientas más cómodo interpretando tu nuevo papel, la gente se fijará en el personaje que representas. Finalmente te convertirás en el personaje en todos los sentidos. Con el tiempo, la actuación se convertirá en realidad. Cuando llegues a este punto, creerás que eres una persona con carisma y los sentimientos y el lenguaje corporal carismático llegarán a ser espontáneos porque tu subconsciente dará forma a esa nueva imagen de ti mismo que ya has asimilado plenamente.

CAPÍTULO 10

Los sonidos del carisma

*Dominar el uso de tu voz te permite
obtener lo bueno de los demás
y lo mejor de ti mismo.*

Por muy intensa que sea la atracción que ejercemos sobre los demás, podemos destruir fácilmente la imagen que tanto nos ha costado crear en el momento en que abrimos la boca. Porque se no sólo se nos juzga por nuestro aspecto y nuestro comportamiento, sino también por lo que decimos e, incluso tal vez más, por cómo lo decimos.

Nuestra voz es tan única como las huellas dactilares. Puede conseguir que las palabras más elegantes pierdan todo su encanto o puede embellecer la afirmación más simple. Y la voz, más que las palabras, refleja nuestros pensamientos y emociones más profundos.

Nuestra voz crea una detallada imagen de nuestra personalidad que influye en la percepción que los demás tienen de nosotros. Puede ser una gran ventaja o un terrible inconveniente, causando que gustemos o no gustemos, que nos respeten o nos desprecien. La voz puede conseguir que los demás nos escuchen, nos comprendan y deseen estar a nuestro lado o nos ignoren, nos malinterpreten y nos eviten.

Una voz bien utilizada es natural, suave y clara. Es fácil de comprender y agradable de escuchar. Una voz carismática

153

es, además, expresiva y segura. Consigue que la atención de los demás se centre en la persona que la utiliza y el significado de lo que está diciendo más que en la propia voz en sí.

¿CUÁL ES LA IMAGEN DE TU VOZ?

¿Hablas con seguridad o hablas entre dientes, demasiado bajo o con indecisión? ¿Hablas con una voz que invita a escuchar o es apagada, estridente, nasal, chillona o áspera? ¿Es monótona o varía de tono, velocidad y ritmo? ¿Mejora tu aspecto físico o lo perjudica?

Si no estás seguro de cómo suena tu voz para los demás, graba varias conversaciones y analiza qué mensajes transmiten las características de tu voz. (Tal vez la forma más sencilla de hacerlo sea mientras hablas por teléfono, a pesar de que nuestra voz suele ser un poco diferente de la que utilizamos cuando hablamos con alguien cara a cara.) ¿Es una voz agradable de escuchar? ¿Qué dice de ti a los demás? ¿Proyecta la imagen que deseas?

En general tendemos a pensar que nuestra voz es permanente, una parte fija de nosotros mismos. Sin embargo, las características vocales que no responden a causas anatómicas son producto de un aprendizaje: tal vez imitamos a otras personas o acomodamos nuestra voz a las preferencias de los padres, y en ambos casos recibe la influencia de la imagen que temos de nosotros mismos. Nuestra voz es un hábito y, al igual que el lenguaje corporal o cualquier otro hábito, puede cambiarse.

CÓMO DESARROLLAR UNA VOZ ÓPTIMA

Cuando tratas de mejorar tu voz, al igual que cuando intentas cambiar tu lenguaje corporal, resulta muy útil obser-

154

var a los demás. Escucha atentamente a las personas que te rodean, identificando las características vocales que favorecen o perjudican su imagen. Probablemente te resultará más sencillo concentrarte en la voz cuando no veas a la persona que habla, como por ejemplo hablando por teléfono, escuchando la radio o suprimiendo la imagen del televisor. Escucha especialmente a aquellas personas que atraen toda tu atención cuando hablan. Fíjate en las cualidades que hacen que su voz sea especial. Observa los sonidos y tonos característicos de diferentes idiomas. Analiza por qué una voz es atractiva e interesante.

TIMBRE, CALIDAD Y TONO

Tu timbre natural y tu forma de respirar producen el mejor sonido con el mínimo esfuerzo. Escucha el llanto de un bebé. Se caracteriza por un sonido desinhibido, claro y dinámico que puede utilizarse a un alto volumen durante horas sin perder intensidad ni causar la ronquera ni las inflamaciones que sufren muchos adultos cuando utilizan la voz durante largos períodos de tiempo. Los niños pequeños todavía utilizan su voz natural cuando lloran, gritan o gimen. Cuando un adulto les dice: «Cállate. Haces demasiado ruido», los niños hacen mucho más que simplemente bajar el volumen: aprenden a alterar su voz natural para adaptarla a los oídos de los padres. Estas nuevas voces forzadas carecen de la claridad, la intensidad y las vibraciones estimulantes típicas de las voces naturales.

Tú puedes redescubrir tu voz natural escuchando a los niños pequeños e imitando sus métodos de producción de voz. Llama a un amigo por la calle como lo haría un niño: «¡Eh, Stanley! ¿Quieres venir a mi casa?» O exclama: «¡No hay derecho!» Cuando consigas producir un sonido claro y nítido, practícalo utilizándolo en situaciones de la vida cotidiana.

Ritmo, articulación y volumen

Elige un texto escrito y familiarízate con él leyéndolo en voz alta. Después graba tu lectura en una cinta magnetofónica. Escucha la grabación y analízala haciéndote preguntas como: ¿Resulta fácil entender mis palabras? ¿El significado queda claro? ¿La velocidad y el ritmo dan tiempo a los oyentes para visualizar lo que yo describo? ¿Utilizo pausas y variaciones de tono para enfatizar y añadir interés? ¿El volumen en general hace que mis palabras sean agradables de escuchar? ¿Mis palabras me hacen parecer seguro de mí mismo?

Decide qué podrías hacer para mejorar la impresión que causas a los demás. Practica los cambios deseados y vuelve a grabar tu lectura. Evalúa tus progresos. Incorpora lo que has aprendido a tus conversaciones de la vida diaria. Recuerda: para cambiar hábitos es necesario practicar con regularidad y perseverancia.

Expresividad

Las personas con carisma poseen una voz expresiva que fascina a quienes la oyen a pesar de que el mensaje de sus palabras no sea muy inteligente ni profundo. Su voz es un vehículo que utilizan para compartir sus profundas reacciones emotivas ante el mundo que tan intensamente experimentan. La expresividad da vida a sus palabras, implicando emocionalmente a los demás. Su voz transmite mensajes con una alta carga emotiva que cautivan la imaginación, conmueven el corazón y despiertan los sentimientos más profundos de las personas que les escuchan.

Para ser expresivo, uno debe estar dispuesto a arriesgarse a mostrar sus sentimientos más íntimos a los demás. Las personas que tienden a ocultar sus sentimientos cuando hablan suelen estar tan preocupados por causar una buena impresión que reprimen la espontaneidad y la expresividad. Sin embargo, irónicamente, los individuos que causan mejor impresión son aquellos que se muestran espontáneos y expresivos.

Si reprimes tus sentimientos porque tienes miedo a dejarte llevar por ellos y perder el control, abrumar a los demás, parecer estúpido o perder el hilo de tus pensamientos, debes darte cuenta de que estos temores son infundados. La mejor forma de sentirte más cómodo siendo expresivo es poniéndolo en práctica. Puede resultarte de gran utilidad leer en voz alta un relato breve pero con una intensa carga emocional y grabarlo. Después imagina que eres un actor que representa a un personaje fuerte y seguro de sí mismo. Vuelve a grabar la lectura del relato, pero esta vez léelo como lo haría el actor. Si consigues entrar en el personaje, observarás que en la segunda grabación tu voz tiene una carga emocional más elevada que en la primera.

A continuación lee la historia como si fuera real y la estuvieras contando a unos amigos. Compara esta lectura con la primera. ¿Tu voz es más expresiva?

Piensa que eres una persona expresiva e intenta actuar como si lo fueras cuando hablas con los demás. Cuanto más lo hagas, más natural te resultará. Cada vez te resultará más fácil y agradable compartir tu verdadera personalidad con los demás sin reprimir tus sentimientos.

Tono

El tono de tu voz añade cierta emotividad a todo lo que dices. Refleja tu actitud hacia lo que estás diciendo, hacia los que te están escuchando y hacia ti mismo. Independientemente de las palabras que se pronuncien, inmediatamente se ponen de manifiesto muchos sentimientos, como por ejemplo irritación, desilusión, amabilidad, seguridad, vitalidad o afecto.

Piensa qué cualidades expresa tu voz habitual. Los demás te juzgarán y reaccionarán en función de esas cualidades. Cuando son muy habituales, estas características reflejan algunos rasgos de la personalidad de un individuo. Es posible cambiar estos rasgos de personalidad modificando la voz. Utilizar un tono seguro te hace sentir más seguro de ti mismo; un tono calmado, más relajado; un tono agradable, más amable. Cambiar la voz puede ser una herramienta muy importante para mejorar la perso-nalidad.

CÓMO INFLUIR EN LA ACTITUD DE LOS DEMÁS CON LA VOZ

Tu tono de voz puede suavizar los sentimientos negativos de los demás y potenciar los positivos. Existen dos hechos que hacen que esto sea posible:

La gente tiende a imitar las voces que oye de forma automática.

Reflexiona sobre esta afirmación. Cuando subes o bajas el volumen de tu voz, ¿los demás hacen lo mismo? ¿Y no es cierto que la gente adopta fácilmente algunas características del habla de su interlocutor, como por ejemplo el mismo acento o la velocidad con que habla? El tono emocional también se imita. Una persona enfadada incita a los demás a utilizar un tono enfadado. La amabilidad invita a la amabilidad y el entusiasmo fomenta reacciones de entusiamo.

158

La voz que utiliza una persona puede influir en sus sentimientos.

Teniendo en cuenta que las personas suelen experimentar los sentimientos que expresa su voz, si consigues que alguien imite tu voz positiva puedes hacer que cambien sus senti-mien-tos. Si eliges el tono adecuado, puedes suavizar la hostilidad, calmar la irritación, fomentar la amabilidad, apaciguar la insatisfacción, aumentar el entusiasmo y favorecer la alegría.

Escucha a las personas e intenta descubrir qué sentimiento se oculta bajo sus palabras. Cuando lo hayas identificado, altera tu voz para satisfacer sus necesidades. ¿Cómo puedes saber qué tono funcionará mejor? Utiliza el que refleje la actitud que quieres que adopte la otra persona.

En un experimento, se entrenó a un grupo de telefonistas para que identificaran los sentimientos que expresaba el tono de los clientes. Se comprobó que el tono de las respuestas de los telefonistas producía un claro efecto en los clientes. Los telefonistas respondían a la irritación con amabilidad, por ejemplo, y descubrían que los clientes se tranquilizaban. Y cuando respondían enérgicamente a un cliente con voz débil o apagada, la voz de muchos clientes se revitalizaba.

La capacidad de influir en los sentimientos de los demás puede ser de incalculable valor en múltiples situaciones. Tú también puedes desarrollar esta habilidad aprendiendo a utilizar tres normas básicas para modificar al voz:

Imitar el tono de voz de otra persona refuerza la cualidad que está transmitiendo.

Utilizar el mismo tono de voz que otra persona o elevarlo intensifica la cualidad que está transmitiendo.

Utilizar un tono opuesto al de la otra persona fomenta la actitud opuesta a la que está transmitiendo.

159

¿Recuerdas alguna ocasión en que estuvieras muy emocionado por algo y, al contárselo a un amigo, éste también se mostró emocionado? ¿No estabas contento de habérselo contado y la emoción de esa persona alimentaba la tuya propia? Y si esa persona estaba más emocionada que tú, ¿no aumentó tu emoción? ¿Pero cómo te sentiste si tu amigo dijo con voz neutra: «Oh, es fantástico»? ¿No se redujo tu emoción? Puedes aumentar los sentimientos positivos de los demás respondiendo a su tono positivo con un tono similar pero más intenso. Los tonos negativos puede contrarrestarse utilizando su opuesto positivo. Esto significa, por ejemplo, que es recomendable responder al tono nervioso de alguien un tono calmado. Tu voz relajada puede tranquilizar a la otra persona. Pero, lo que es más importante, la tendencia natural a imitar tu tono reducirá el nivel de nerviosismo de su voz que, a su vez, le ayudará a sentirse menos nervioso.

LOS SONIDOS DE TU NUEVA PERSONALIDAD

Cuando te liberes de la tensión provocada por el miedo a lo que pensarán los demás, también liberarás la belleza de tu voz natural. Cuando la desarrolles correctamente y consigas que esté en armonía con la personalidad que deseas adoptar, proyectarás una imagen positiva a través de tu voz y obtendrás reacciones positivas de los demás, mejorando la imagen que tengas de ti mismo. Cada vez te considerarás una persona más atractiva y segura de ti misma. De nuevo, imitar a la persona que quieres llegar a ser te ayudará a transformarte y convertirte en quien deseas.

CAPÍTULO 11

Técnicas de conversación que fomentan el carisma

Lo que dices y cómo lo dices revela tu vida interior a los demás.

Los individuos carismáticos saben que su felicidad y su éxito depende en gran parte de su habilidad para expresarse. Son expertos en establecer contacto con los demás. Aparentemente sin esfuerzo alguno, convierten a los extraños en conocidos, a los conocidos en amigos y a los amigos en íntimos. Dominan el secreto de utilizar el habla para obtener lo mejor de los demás y hacerles sentir bien. La gente inmediatamente agradece cuando escogen su compañía antes que la de otros. Mantienen el interés de las personas que han atraído con conversaciones agradables e interesantes. Su lenguaje no verbal atrae a las personas que desean y les ayuda a mantener su interés. Las personas con carisma parecen tener el don de poder hablar sobre cualquier tema, pero la capacidad de comunicarse con facilidad y eficacia es una habilidad que han aprendido.

Si te resulta difícil hablar con los demás, no creas que sólo te ocurre a ti. Todos los días interaccionamos con muchas personas. Cada encuentro nos proporciona la oportunidad de enriquecernos a nosotros mismos y a los demás, oportunidad que la mayoría desaprovechamos. ¿Por qué? Porque

161

siendo niños aprendimos a formar palabras y construir frases, pero no nos enseñaron a utilizarlas para comunicarnos eficazmente con los demás.

Para la mayoría de nosotros, llegar a ser un buen comunicador puede convertirse en un proceso de experimentación que dura toda la vida y en ocasiones resulta frustrante. Sin embargo las habilidades verbales pueden aprenderse con mayor rapidez y facilidad.

Cualquier persona puede aprender a utilizar el lenguaje como herramienta para potenciar su imagen y enriquecer la experiencia de estar con los demás.

CÓMO SENTIRSE SEGURO HABLANDO CON LOS DEMÁS

Como sabemos, es necesario que una persona se sienta segura de sí misma para proyectar carisma. Sentirse seguro significa tener confianza en uno mismo, creer firmemente que eres digno del respeto y el aprecio de los demás y que eres capaz de mantener una conversación interesante. Tu seguridad al hablar con otras personas aumentará si pones en práctica los siguientes consejos:

Acéptate y sé tú mismo.

Acepta plenamente quién eres y sé siempre esa persona. Los individuos capaces de expresar su vida interior y compartirla con los demás son más felices que aquellos que no son capaces de hacerlo, y son más interesantes porque expresan las múltiples facetas de sí mismos que les hacen únicos. Sus pensamientos y sentimientos íntimos nos intrigan y nos afecta mucho el entusiasmo y la emoción que muestran cuando hablan de los temas que más les apasionan.

162

Las personas que no se aceptan plenamente a sí mismas no se atreven a compartir estas cosas. Temen que los demás no les acepten y evitan mostrarse tal como son, lo cual les hacer sentir solos incluso cuando están en un lugar lleno de gente o hablando con un amigo. Muchos se preocupan porque piensan que sus opiniones serán juzgadas como erróneas, sus intereses parecerán insulsos, sus experiencias aburridas y sus sueños absurdos (muchas veces ésta es la opinión que tienen de sí mismos). Esta reticencia a mostrarse como son perjudica gravemente su energía carismática.

Aprende y mantente bien informado.

La tensión resultante de pensar que «no tienes nada que decir» puede aliviarse desarrollando un amplio repertorio de temas de los que puedas hablar.

Anímate a aprender y hacer cosas nuevas. Visita nuevos lugares. Explora tus curiosidades e intereses y desarrolla talentos dormidos. Mantente informado de las nuevas tendencias y descubrimientos leyendo periódicos y revistas, incluyendo aquellas publicaciones que no traten tus temas preferidos. Aprende cosas al menos sobre un tema hasta que llegues a ser un experto. Alimenta tu mente con regularidad asistiendo a seminarios y conferencias, escuchando cintas magnetofónicas, leyendo libros, yendo al cine y al teatro y relacionándote con otras personas que tengan intereses muy variados.

Si haces todo lo que puedes para aprender y estar bien informado, te sentirás mejor contigo mismo y te verás como una persona interesante digna de ser respetada y admirada.

Serás una persona más rica intelectual, emocional y espiritualmente, e irradiarás la plenitud típica de un individuo realizado.

Conviértete en un estudioso de la naturaleza humana.

Aprende los principios básicos del comportamiento humano. Cuanto más sepas acerca de las necesidades, las motivaciones y las reacciones probables de las personas, más seguro estarás de tu capacidad de relacionarte eficazmente con ellas.

Domina el lenguaje.

Dos personas pueden contar la misma historia, pero un relato puede ser fascinante y el otro aburrido. ¿Dónde reside la diferencia? En la forma de contar la historia. Tu forma de describir las cosas y las palabras que utilizas pueden aumentar enormemente el interés de los demás por lo que dices y su comprensión del mensaje que quieres transmitir. Por otro lado, un buen uso del lenguaje influye muy positivamente en la imagen que proyectas.

Haz los deberes.

Siempre que sea posible, aprende algo sobre las personas a las que esperas conocer en el futuro, tal vez preguntando previamente a alguien que las conozca. Infórmate al menos sobre un tema que pueda interesar a esa persona. Si vas a conocer a un personaje público, lee todo lo que puedes acerca de esa persona: quién es y por qué es popular. Utiliza esa información cuando hables con ella. Cuando veas a una persona por segunda vez, prepara la reunión recordando el primer encuentro y los temas de conversación que más le interesaban. Profundiza tus conocimientos sobre estos temas.

Centra tu atención en saber más acerca de la otra persona.

En mis clases de carisma, pregunto a los asistentes en qué pensaban cuando hablaron con los compañeros de clase

164

por primera vez. Las personas que confiesan que estaban muy tensas siempre dicen que les preocupaba la imagen que ofrecían a los demás. Pensaban cosas como: «¿Tengo buen aspecto?», «¿Le gusto?» y «¿Qué voy a decir ahora?» También se preocupaban mucho comparándose con la persona con quien hablaban: «¿Somos iguales o él o ella es inferior o superior a mí?» Muchos alumnos admiten haber juzgado a los demás y haberse dejado llevar por su espíritu competitivo.

Las conversaciones más tensas, y en consecuencia más aburridas, son aquellas en las que este tipo de pensamientos distraen la atención de los interlocutores y no pueden concentrarse en lo que se dice ni intentar conocerse mejor.

Date cuenta de que nadie está cien por cien seguro de sí mismo.

Muchas personas se cohíben y alimentan su nerviosismo asumiendo que los demás están más seguros de sí mismos que ellas, pero normalmente no es cierto. Cuando hablamos con alguien por primera vez, nos damos cuenta de que esa persona también está un poco tensa y probablemente le preocupa lo que pensamos de ella. Concéntrate en hacer sentir a gusto a los demás y desviarás tu atención de ti mismo, te sentirás más cómodo y comprobarás que tienes un mayor dominio de la situación, requisitos indispensables para sentirse seguro.

ALGUNAS ACTITUDES RECOMENDABLES
Y NO RECOMENDABLES PARA UNA CONVERSACIÓN
CARISMÁTICA

Actitudes recomendables:
1. Hablar de cosas positivas.

La gente suele identificar al mensajero con el mensaje. Piensa en lo que sientes por alguien que normalmente se centra en los aspectos negativos de la vida: alguien a quien le encante relatar el último boletín de crisis, crímenes y desgracias. Cuando encuentras a una persona de este tipo, inmediatamente empieza a ponerte al día sobre sus enfermedades, fracasos y problemas en general. El mensaje es que la vida es dolorosa, cruel, dura, injusta y deprimente. Llegamos a asociar a estas personas con todo tipo de desgracias que automáticamente les impiden tener la oportunidad de ser individuos con carisma. En lugar de atraer a la gente, los demás suelen evitarles.

Deja de hablar de desastres, desgracias y miedo. Concéntrate en oportunidades, alegrías y bendiciones. Habla de los éxitos del presente y las esperanzas del futuro. Consigue que tus palabras alimenten la fe, la esperanza y la confianza de los demás y les ayuden a reír y divertirse.

Tu compañía será muy agradable para los demás porque les transmitirás alegría y confianza.

2. Reconoce el carácter especial de cada persona y habla de ello.

Anima a los demás a descubrir y experimentar sus cualidades, talentos y habilidades especiales. Hazles sentir valiosos y apreciados.

3. Hablar con respeto, demostrando que les crees y sus ideas merecen toda tu atención.

4. Mostrar un sincero interés por la gente y por lo que dicen.

5. Intentar buscar algo que te guste en cada persona.

6. Mostrarte tolerante ante actitudes y opiniones diferentes a las tuyas. Intentar comprender el punto de vista de los demás poniéndote en su lugar.

7. Ser capaz de decir «Lo siento» o «No lo sé» cuando sea necesario.

8. Proteger los egos de los demás.
9. Fijarse en el nombre de los demás y hacer un esfuerzo por recordarlo y utilizarlo.
10. Intentar relajarse y ser espontáneo.

Actitudes no recomendables:

1. Contar chismes.
2. Intentar impresionar mencionando a las personas importantes que conoces.
3. Hablar de tus posesiones.
4. Interrumpir.
5. Contar detalles sin importancia.
6. Monopolizar la conversación con discursos o relatos largos.
7. Discutir cuestiones que surjan en la conversación.
8. Relacionarlo todo contigo.
9. Intentar impresionar con tu inteligencia.
10. Hacer chistes sobre los demás, tomarles el pelo o ser sarcástico.
11. Poner a los demás en una situación comprometida haciéndoles preguntas embarazosas o cuyas respuestas probablemente no conozcan.
12. Humillar a alguien, aunque sea indirectamente.
13. Ser evasivo acerca de ti mismo.
14. Buscar defectos en los demás.
15. Imponer tu opinión diciendo a los demás qué deben hacer, cómo deben vivir o cómo deberían sentirse.

CÓMO ROMPER EL HIELO

Los individuos con carisma no parecen tener ningún problema para entablar conversación con desconocidos en cualquier parte: bibliotecas, gasolineras, supermercados o fiestas.

Sin embargo su capacidad de relacionarse con los demás es el resultado de un continuado esfuerzo para poner en práctica las técnicas que han aprendido: elegir a personas receptivas, evaluar las posibilidades de éxito en función de la situación, decidir cuál es la mejor estrategia en cada caso, ensayar mentalmente y escoger las primeras palabras. Después de varios intentos, se acostumbran tanto a realizar estos pasos que lo hacen de forma automática, con frecuencia sin ser plenamente conscientes de ello. Desarrollan un instinto para saber qué actitud funcionará mejor en cada caso, y esto ya les proporciona varios puntos de ventaja a su favor. Tú puedes aprender a hacer lo mismo.

¿Quién es probable que sea receptivo y en qué circunstancias?

Las personas que probablemente responderán bien están solas o con otra persona (sin hablar con ella en el momento en que te acercas),

en una situación no amenazadora (lugares llenos de gente y horas del día que se consideran menos peligrosas),

experimentando o haciendo lo mismo que tú (comer, correr, ir en ascensor o avión, hacer cola, asistir a un concierto, obra de teatro o partido de fútbol, o esperar en cualquier lugar), y

emiten señales que indican que están dispuestas a establecer contacto verbal (lenguaje no verbal abierto, expresión facial acogedora, miradas y sonrisas dirigidas hacia ti y respuestas a tus señales no verbales).

Las personas del sexo opuesto que se sienten atraídas por ti pueden mostrar otros signos de interés como por ejemplo:
mirarte en más de una ocasión, cruzando su mirada con

la tuya u observándote mientras parece que están mirando hacia otro lugar,

permitir que les sorprendas mirándote, con frecuencia reaccionando bajando la mirada en señal de timidez,

adoptar posturas que acentúan su masculinidad o feminidad como esconder el estómago y sacar pecho,

sonreír mostrando los dientes,

inclinar la cabeza o mover los hombros,

acercarse un poco hacia ti,

mostrar las palmas de las manos,

hacer movimientos exagerados,

tocar su cuerpo o dar golpecitos a un objeto,

arreglarse la ropa y

bostezar, frotarse las manos u hacer otros movimientos que pueden reflejar nerviosismo.

LAS PERSONAS QUE PROBABLEMENTE NO RESPONDERÁN BIEN ESTÁN en compañía de dos o más personas,

en situaciones amenazadoras (como por ejemplo a solas en un garaje o zona de aparcamiento, especialmente por la noche),

ocupadas (enfrascadas en una conversación, una tarea, un libro o con señales evidentes de tener prisa), y

emitiendo señales que no invitan al contacto verbal (lenguaje corporal cerrado, expresión facial neutra, irritada o de preocupación, labios apretados, ojos semicerrados y rechazo de tus señales no verbales).

Qué decir.

Cuando hayas decidido a quién quieres conocer, necesitarás decidir qué vas a decir. Tu objetivo inicial es despertar el interés de la otra persona y entablar una conversación. Cuando dos desconocidos han intercambiado algunas palabras, por

169

muy superficiales que sean, es más fácil que se inicie una conversación. Si en una reunión preguntamos a alguien «¿Dónde está el baño?», a esa persona le resultará más fácil decirnos algo después. Cuando se ha traspasado la barrera verbal, disminuye la sensación de que la otra persona es un desconocido.

Contrariamente a las creencias populares, los estudios realizados demuestran que, en realidad, lo que se dice tiene poca importancia. Lo verdaderamente importante es establecer contacto verbal. No es necesario que las primeras palabras o comentarios sean ingeniosos, inteligentes o profundos. Prácticamente cualquier comentario normal será suficiente, a excepción de los negativos («Que día tan horroroso, ¿verdad?»), demasiado directos («Creo que eres el tipo de persona con quién podría llevarme realmente bien. Vamos a tomar un café.»), presumidos («Seguro que eres Virgo, porque he comprobado que el 99% de las mujeres rubias, zurdas y con pecas son Virgo.») o demasiado gastados («¿Vienes a menudo?»). Este tipo de comentarios iniciales no suelen ser bien recibidos.

Constatar un hecho («Éste es el tercer torneo de golf que se celebra aquí este año.») no es la mejor forma de iniciar el contacto porque es posible que el tema no interese a la otra persona y no fomenta una respuesta, sin embargo tiene la ventaja de que se invita a una persona a hablar sin obligarla a hacerlo. Una respuesta demostrará la voluntad de entablar una conversación.

Expresar una opinión («Este restaurante me gusta mucho. Hacen la mejor crema de almejas que jamás he probado.») suele resultar más efectivo que constatar un hecho, pero no fomenta tanto la conversación como formular una pregunta. Al requerir una respuesta, las preguntas invitan a la otra persona a iniciar una conversación.

Tanto si constatas un hecho como si expresas una opinión o formulas una pregunta, necesitas elegir un tema.

Puedes hacer un comentario sobre ti mismo, pero la mayoría de personas no mostrarán interés y es difícil que respondan positivamente. Puedes hacer algún comentario sobre la otra persona pero, si te diriges a un desconocido, puede resultar ofensivo por su carácter demasiado personal. Los temas más eficaces y seguros son aquellos relacionados con la situación en que se encuentran ambas personas.

En función del contexto de la situación, puedes elegir alguno de los siguientes temas, ordenados del más seguro al menos seguro.

MÁS SEGUROS
(Se oculta la verdadera intención de relacionarse.)

Pretexto. Abordar a alguien con un pretexto significa tener una excusa para establecer contacto verbal. Normalmente implica hacer una pregunta para obtener información aparentemente necesaria en ocasiones relacionada con una actividad en común.

«¿Cómo funciona esta máquina?»
«¿Cada cuándo viene el autobús?»
«Soy nuevo en este departamento. ¿Puedes ponerme al día sobre este informe?»

Situación. Cualquier situación compartida con otra persona te proporciona un tema que interesa a ambos.
—A un compañero de estudios le puedes decir:
«¿Qué sabes de este nuevo profesor?»
«¿Cuándo será el próximo examen?»
—Al asistente de una reunión en un club:

171

«¿Qué te hizo decidir a entrar en el club?»

«¿Sabes qué tipo de actividades organiza este club?»

—A un compañero de trabajo:

«¿En qué consiste ese nuevo proyecto en el que estás trabajando?»

—A una persona haciendo cola delante o detrás de ti:

«¿Has oído algún comentario sobre esta película?»

«¿Son imaginaciones mías o la cola está avanzando más deprisa de lo normal?»

—A un cliente en una tienda:

«¿Por qué crees que hoy hay tanta gente?»

Percepciones en común. Cualquier cosa que ambos estéis experimentando (viendo, oyendo, oliendo o sintiendo) en un entorno común es un buen tema para iniciar una conversación.

—En una panadería:

«¡Hummm..., huele a bollos recién hechos!»

—En un bar:

«Ponen buena música, aquí, ¿verdad?»

—En una librería:

«Ese libro que estás hojeando es fantástico.»

Observaciones sobre la otra persona. Observa cómo va vestida, qué lleva, hace o dice y haz algún comentario o pregunta al respecto. Este recurso funciona especialmente bien porque a todos nos gusta que se fijen en nosotros.

«Ah, parece una buena raqueta. ¿Te importaría decirme si te ha dado buen resultado? Estoy pensando en comprarme una de esta marca.»

«Juegas realmente bien. ¿Cómo has conseguido llegar a ser tan bueno?»

«La propuesta que comentaste en la reunión de personal me pareció muy acertada. ¿Cómo se te ocurrió? ¿Cómo crees que podría aplicarse en nuestro caso?»

MENOS SEGUROS (Se evidencia la verdadera intención de relacionarse.)

Intereses semidirectos. Si expresamos directamente nuestro interés por otra persona, ésta puede interpretarlo como un halago o como una ofensa o amenaza. Normalmente es recomendable ocultar nuestra verdadera intención y traspasar las barreras sociales lentamente para crear una atmósfera relajada y de confianza que favorezca la comunicación. Antes de abordar directamente a alguien, analiza las posibilidades de éxito que tienes.

«Te he visto y no he podido resistir el impulso de acercarme para saludarte.»

«Me gustaría conocerte. ¿Te importa si me siento a tu lado?»

Siempre que inicies una conversación con una persona desconocida, recuerda:

Asegúrate de que no pareces demasiado confiado. Esta actitud puede intimidar a la otra persona y hacer que se sienta abrumada o crea que debe mantener el mismo nivel de confianza y seguridad que tú. Entonces deberá realizar un esfuerzo para hablar contigo.

Mantente despierto y receptivo. No basta con prestar atención por educación.

Muéstrate amistoso e informal. Un exceso de formalidad o seriedad ahoga la conversación. Si muestras con demasiada claridad tu empeño en obtener una respuesta favorable, sólo conseguirás exagerar los posibles rechazos y colocarás a la otra persona bajo una presión innecesaria.

Tómate tu tiempo. Después de hacer un primer comentario, espera a que la otra persona te mire, indicando así que presta atención a tus palabras, antes de seguir diciendo lo que hayas planeado. Tómate tiempo para evaluar los mensajes no verbales y responder adecuadamente a la reacción de la otra persona.

CONVERSACIONES INTRANSCENDENTES

La mayoría de palabras que intercambiamos con otras personas forman parte de conversaciones intranscendentes. Recurrimos a este tipo de conversación para ser amables con los desconocidos y para preparar el terreno antes de abordar otros temas más interesantes con los amigos. Con las personas que acabamos de conocer, la conversación intranscendente puede ser una prueba para evaluar si nos interesa o podemos conseguir su amistad, porque nos permite sondear que temas son de interés común. La conversación intranscendente puede establecer relaciones que constituyan la base de una amistad o puede convencernos de no seguir adelante.

Algunas personas abordan las conversaciones intranscendentes con un estilo muy particular: hay interrogadores, contadores de anécdotas, chismosos y gente a quien le gusta sermonear. Sin embargo, en la conversación intranscendente ideal existe un equilibrio entre hablar y escuchar, revelar pequeños aspectos de uno mismo y conocer cosas acerca de los demás. El individuo se preocupa más por estar interesado que por ser interesante. En lugar de limitarse a llenar nerviosamente silencios incómodos, los expertos utilizan tópicos superficiales para determinar si existe una afinidad suficiente con la otra persona para establecer una relación que merezca la pena.

Las conversaciones intranscendentes no deben ser una prueba de locuacidad. De hecho, en general solemos preocuparnos demasiado por nuestra actuación. La conversación se inicia con saludos y tópicos como «¿Qué tal?», «¿Cómo va todo?» o «¿Qué te parece el tiempo que tenemos?», y prosigue con un segundo nivel de comunicación: un intercambio de hechos.

Estos hechos pueden estar relacionados con el entorno inmediato, personajes o acontecimientos públicos, conocidos comunes o cuestiones de la vida personal. Por ejemplo: «Este jardín está muy bien cuidado» o «Yo suelo correr tres veces por semana.»

Hablar brevemente de estos temas nos proporciona tiempo para formarnos una idea superficial de la otra persona y sentirnos a gusto hablando con ella, pero si la conversación se encalla a este nivel, el carisma corre peligro. Dos personas pueden seguir hablando sin llegar a conocer jamás la interesante y carismática personalidad de cada uno. Para conseguir que una conversación sea estimulante e interesante es necesario que cada uno comparta con el otro su combinación única y personal de conocimientos, experiencias y sentimientos. Entonces cada persona adquiere importancia para la otra, porque le considera especial y diferente de las demás. Las opiniones y las preferencias son lo que hacen interesantes a las personas y las conversaciones.

CÓMO CONSEGUIR QUE UNA CONVERSACIÓN SEA SIGNIFICATIVA

Puedes empezar a descubrir quién es realmente la otra persona preguntándole qué opina sobre algo. En este estadio de comunicación inicial, puedes elegir temas «seguros» de interés general, como por ejemplo una película o un libro. Si esa persona no ha visto la película o no ha leído el libro, probablemente te preguntará sobre ellos o te hablará de otros que ambos conozcáis. El deporte es también un buen tema (menciona una equipo y observa la reacción), así como la comida (puedes descubrir si la otra persona es vegetariana o sigue una dieta y la conversación puede derivar hacia otros temas como la salud o el ejercicio físico.)

La mayoría de la gente prefiere evitar los intercambios iniciales típicos y poco productivos de nombre, categoría y número de serie: «¿Cómo te llamas?», «¿A qué te dedicas?» y «¿Dónde vives?» Algunas personas se molestan porque consideran que se les juzga por su profesión, y aquellas personas a quienes no les gusta su trabajo pueden sentirse muy incómodas si se les pregunta sobre el tema. Se puede transformar un intercambio de hechos de este tipo en un intercambio de opiniones y preferencias si se amplian y se redireccionan las preguntas que te hacen. Por ejemplo:

Pregunta:	«¿A qué te dedicas?»
Simple:	«Hago reparaciones de automóbiles en carretera.»
Ampliada:	«Trabajo en una empresa de reparación de automóbiles en carretera. Recargo baterías, proporciono gasolina a los conductores que la necesitan y llevo los coches averiados al taller.» (Objetivo e impersonal. La otra persona quiere conocer cosas sobre ti, no los detalles de tu trabajo.)
Ampliada y redireccionda:	«Trabajo en una empresa de reparación de automóbiles en carretera y lo que más me gusta de este trabajo es observar la reacción de la gente cuando tiene una avería. Soy bastante bueno tranquilizando a los que están muy nerviosos o desesperados.» (Dice algo de tus intereses, tu actitud y tu comportamiento.)

Comentar qué consideras difícil o interesante o qué opinas sobre el tema siempre hará que una conversación sea mejor que si te limitas a constatar unos hechos. Si tu interlocutor responde tus preguntas con respuestas simples o ampliadas, pregúntale qué considera más sorprendente, interesante o gratificante. Al hacerlo invitarás a la persona a darte una respuesta redireccionada.

En las mejores conversaciones, ambos interlocutores se abren en un mismo grado. Puedes animar a la otra persona a abrirse contando algo sobre ti primero. La mayoría de la gente adaptará su grado de apertura al que tu demuestres. Cuando ambos interlocutores empiezan a desvelar su verdadera personalidad, las conversaciones intranscendentes empiezan a avanzar hacia la categoría de conversaciones significativas. La comunicación más profunda y significativa es la que expresa sentimientos. En estos casos, una persona comparte su vida emocional interior con su interlocutor. La cantidad y la intensidad de las revelaciones debe corresponderse con el grado de intimidad que une a las dos personas. Si confesamos nuestros problemas, debilidades y sentimientos más íntimos a una persona que acabamos de conocer, probablemente esta persona se alejará de nosotros. Sin embargo, la expresión de sentimientos menos intensos puede ayudar a mantener a esa persona junto a nosotros. La expresión de sentimientos es la base de la amistad y crea auténtica intimidad. Desgraciadamente, a las personas tímidas les resulta muy difícil expresar sus sentimientos, y con frecuencia esto impide la evolución de sus relaciones personales.

CÓMO MANTENER VIVA UNA CONVERSACIÓN

Una de las principales preocupaciones de muchas personas es que, después de los comentarios y frases iniciales, tienen miedo de que no se les ocurra nada qué decir. La capacidad de mantener una conversación fluida depende sin lugar a dudas, de la capacidad de introducir temas relacionados con la conversación iniciada y de utilizar técnicas verbales que fomenten la continuación del diálogo.

Técnicas verbales que fomentan la conversación y expresan interés.
Utilizar expresiones que faciliten la conversación.

Este tipo de expresiones son palabras o frases cortas que expresan interés, reflejan lo que se ha dicho y animan

178

a la otra persona a seguir hablando.

«¡Vaya!»   «¡Es fantástico!»
«¿De veras hiciste eso?»   «Seguro que lo pasaste en grande.»

Formular preguntas abiertas.

Las preguntas pueden resultar muy efectivas para fomentar la conversación pero, si no son adecuadas, el intercambio puede convertirse rápidamente en un interrogatorio policial donde una persona pregunta constantemente y la otra se limita a pronunciar una o dos palabras para responder.

Esta situación se produce cuando sólo se formulan preguntas cerradas, es decir, las que empiezan con las siguientes palabras: quién, cuándo, dónde, cuál y qué. Este tipo de preguntas permiten obtener respuestas que constatan hechos concretos, pero hacen que el diálogo pierda interés y dinamismo a menos que se combinen con preguntas abiertas, que empiezan con las siguientes palabras: cómo, por qué, de qué modo y cuéntame. Las preguntas abiertas animan a la otra persona a dar una respuesta más amplia. Es importante que una pregunta abierta sea bastante concreta. Si es demasiado amplia («¿Qué hay de nuevo?»), podemos obtener una respuesta neutra que no facilitará la conversación («No mucho.»)

Eligiendo cuidadosamente tus preguntas, puedes dirigir la conversación hacia el aspecto que desees del tema principal. A una persona que te cuenta que recientemente ha estado en Italia, puedes preguntarle acerca de hoteles, comida, transportes, actitud de la gente, uso y disponibilidad de productos o cualquiera de los múltiples temas relacionados con ese país. Incluso sería mejor preguntarle qué parte del viaje le ha gustado más o qué es lo que más le ha sorprendido.

Contar experiencias similares.

Describir una experiencia que se parezca a la del otro individuo valida su propia experiencia y establece un vínculo emocional entre ambos. El hecho de reconocer que ambos habéis vivido la misma experiencia os ayuda a identificaros el uno con el otro, y esto favorece la continuación de la conversación.

Utilizar la información gratuita de la otra persona.

La información gratuita está constituida por aquellos datos no solicitados que se dan en una conversación. El hecho de hacer algún comentario o preguntar acerca de esta información proporcionará varios temas de conversación interesantes. La información gratuita incluye no sólo lo que se ha dicho, sino también lo que puede verse: forma de vestir, rasgos físicos, actitudes, etc.

A. «Tienes mucha facilidad para tratar a los niños.»

B. «Gracias. Supongo que lo debo a *los estudios de pedagogía que hice en Nueva York.*»

Ahora la persona A puede preguntar a B acerca de sus estudios, por qué decidió entrar en el mundo de la educación, cómo era vivir en Nueva York o cualquier otro tema que sugiera esta información gratuita.

Dar información gratuita sobre ti mismo.

Proporciona más información de la que te pregunten o esperen. De este modo darás a la otra persona la oportunidad de conocerte mejor e introducir temas de mutuo interés.

Escuchar activamente.

Escuchar activamente implica que uno se concentre en lo que su interlocutor siente y está intentando expresar y le solicite confirmación o aclaración. Te permite verificar tu comprensión del mensaje de tu interlocutor, además de fomentar la continuación de la conversación. Te ayuda a implicarte en lo que la otra persona dice y siente, sin pensar en ti mismo, y haciendo que te resulte más fácil pensar en qué decir. Cuando alguien confía en ti, escuchar activamente te permite demostrar aceptación y comprensión de los sentimientos de la otra persona sin juzgar su validez ni dar consejos no solicitados. Escuchar sin intentar curar los males de los demás tiene un enorme poder sanador. Escucha activamente siempre que no estés seguro del significado de las palabras de otra persona o cuando un mensaje parezca importante o de una gran carga emocional.

—El próximo fin de semana no nos veremos.

—Estás enfadado conmigo, ¿verdad? (Escuchar activamente.)

—Claro que no. Voy a visitar a mis padres.

Veamos otro ejemplo:

—Este mes han despedido a mucha gente de la empresa y en mi departamento cada día tenemos menos trabajo.

—Parece como si te preocupara la posibilidad de perder tu empleo. (Escuchar activamente.)

CLAVES PARA HACER QUE UNA CONVERSACIÓN SEA INTERESANTE

Utiliza palabras simples y familiares.

Utiliza palabras propias del lenguaje cotidiano, que se comprendan fácilmente y tengan un significado claro.

Sé concreto.

Menciona nombres, fechas y lugares.

BIEN   «Fui capitán de la trigésimotercera división de infantcría ubicada en Georgia durante el verano del 46.»

INSUFICIENTE «Estuve en el ejército en el 46.»

181

Sé gráfico.

BIEN «Tenía todo el cuerpo agarrotado, los labios morados y las manos tan frías que me dolían.»

INSUFICIENTE «Tenía mucho frío.»

Utiliza la primera persona para expresar opiniones y sentimientos.

Di «yo creo» o «yo pienso» en lugar de «algunos creen» o «hay gente que piensa».

Combina técnicas diferentes.

Combina opiniones y hechos, a veces seguidos de una pregunta.

«El nuevo parqué que han instalado es precioso. ¿Crees que soportará bien el tráfico diario de tanta gente?»

Menciona el nombre de tu interlocutor.

A todos nos gusta oír nuestro nombre.

Atrae nuestra atención y confiere un carácter más personal a la conversación.

Sé real.

Mencionar un problema o un obstáculo que hayas tenido que superar te dará credibilidad y a los demás les resultará más sencillo identificarse contigo.

Habla de temas que conozcas y te interesen.

y

Pregunta sobre temas que no conozcas y puedan interesarte.

A la mayoría de la gente le gusta hablar de sus pasatiempos y aficiones, hijos, viajes y, en ocasiones, su trabajo.

182

Cómo iniciaron su carrera profesional o cómo conocieron a su cónyuge o compañero también son buenos temas.

CÓMO TERMINAR UNA CONVERSACIÓN DE FORMA EDUCADA

Terminar una conversación con carisma hace que los demás se sientan satisfechos de haber hablado contigo. En el peor de los casos, evitará que piensen que te aburren o no les gustas. Cuando te despidas de amigos, diles si estás contento de haberles visto, echabas de menos hablar con ellos o últimamente has pensado mucho en ellos. Si su sonrisa o el tono de su voz te han alegrado el día, házselo saber. Si estás encantado de haber conocido a alguien que podría llegar a ser un buen amigo, no tengas miedo de decirle lo mucho que te ha gustado hablar con él.

Para finalizar una conversación sin parecer maleducado ni transmitir la sensación de estar incómodo, es necesario tener mucho tacto. Las despedidas poco apropiadas o bruscas pueden resultar muy crueles y destruir tu imagen positiva. Empieza elogiando un atributo positivo de tu interlocutor o algo que haya dicho. A continuación pronuncia una frase que exprese claramente tu intención de finalizar la conversación:

«Esta estación de esquí de la que me has hablado me parece muy interesante, Elizabeth. Este invierno intentaré ir. Ahora tengo que irme. Espero verte luego.»

Si eres incapaz de pensar en algo que puedas elogiar sinceramente, utiliza una frase de cumplido habitual:

«Bueno, me ha encantado poder hablar contigo, Terry. Voy a saludar a unos conocidos que he visto por allí.»

«Estoy muy contento de haberte visto de nuevo. Tendrás que perdonarme, pero debo irme.»

CUMPLIDOS: UNA HERRAMIENTA QUE CONSTRUYE CARISMA

En nuestra sociedad, existe la creencia generalizada de que una mujer nunca debe fiarse de otra mujer que le haga cumplidos. Esta creencia implica que sólo elogiamos a las personas por aquellas cosas que no representan una amenaza para nosotros mismos.

Cuando alguien tiene muy buen aspecto, se comporta bien o tiene éxito, no le elogiamos porque tenemos envidia y miedo a ser menos que él.

Sin embargo no todo el mundo se comporta de este modo. Las personas con carisma y muy seguras de sí mismas disfrutan haciendo cumplidos a los demás sin tener la sensación de ser inferiores. Utilizan los cumplidos como una poderosa herramienta para construir imágenes positivas de sí mismo.

Elogiar a los demás por su aspecto, comportamiento, posesiones y logros, o por lo que dicen o creen, ayuda a satisfacer la necesidad de sentirnos apreciados que todos tenemos. Además crea un ambiente agradable y de apoyo que permite a los que te rodean aprender, crecer y cambiar. Se ha comprobado que elogiar a los demás también favorece que te consideren más comprensivo, atento y atractivo, y por tanto les anima a abrirse más, profundizando y enriqueciendo la relación que os une.

Por otro lado, los elogios pueden conseguir que los demás actúen como tu deseas, porque tiene una gran efecto sobre el comportamiento humano. Si crees que no obtienes todo lo que desearías de los demás es probable que, cuando lo obtienes, lo estés ignorando. ¿Por qué? Porque en estos casos actúa un principio psicológico que afirma lo siguiente:

Cuando el comportamiento recompensado aumenta, el comportamiento ignorado disminuye.

Nuestra tendencia natural es ignorar los comportamientos que nos gustan y castigar los que no nos gustan. Las personas con carisma saben que esta actitud no es nada recomendable. Es mucho mejor habituarse a elogiar los comportamientos que te gustan e ignorar los comportamientos que no te gustan si deseas que los demás te traten como tú quieres.

Cómo hacer un cumplido que tenga credibilidad.
Nunca hagas un cumplido a alguien para que «esté de buen humor» antes de pedirle un favor.

Nunca respondas a un cumplido diciendo: «tú también». Devolver el mismo cumplido que te han hecho a ti suena muy poco sincero.

No hagas cumplidos indiscrimidamente. Sé selectivo. Tendrán más sentido que si no los dedicas a todo el mundo por sistema.

Elogia sólo aquello que sinceramente te guste y no exageres. Con cumplidos falsos (adulaciones) nunca conseguirás ganarte a los demás. Al contrario, normalmente causarás mala impresión.

Haz que un cumplido sea personal. Utiliza detalles que impidan que pueda aplicarse a todo el mundo.

RECOMENDABLE   «Nunca había visto bailar el tango tan bien como lo has hecho tú.»

POCO RECOMENDABLE   «Bailas muy bien.»

Cómo conseguir que los demás acepten fácilmente tus cumplidos.

Elogia el comportamiento o los atributos de una persona.
Elogia lo que alguien hace, dice o tiene en lugar de elogiar quién es.

RECOMENDABLE	«La luz del sol hace que tu cabello tenga un brillo precioso.»
POCO RECOMENDABLE	«Eres muy atractivo/a.»

Acompaña el cumplido de una pregunta, preferiblemente abierta.
De este modo la persona elogiada podrá agradecerte rápidamente el cumplido y pasar directamente a responder tu pregunta. Si no formulas ninguna pregunta, estarás dando mucha más importancia a la reacción de la persona elogiada, y es probable que a ésta le resulte más difícil darte las gracias y reanudar la conversación.

Cómo aceptar un cumplido.

Los cumplidos sinceros demuestran que los demás tienen un buen concepto de ti, ya sea por tus cualidades o tu comportamiento. Agradece los elogios y convéncete de que eres digno de recibirlos. Haz que los demás se alegren de haberte hecho un cumplido y nunca le restes importancia («Oh, ¿te refieres a este trapo viejo?»). Con esta actitud estás diciendo a la otra persona que su opinión no es válida y proyectas la imagen de una persona que se considera indigna de recibir cumplidos.

Para responder a un cumplido, simplemente sonríe, da las gracias y, si lo deseas, puedes hacer algún breve comentario sobre el objeto del cumplido. A continuación reanuda la conversación respondiendo a la pregunta (si te han hecho una pregunta inmediatamente después del cumplido) o formula tú una pregunta que servirá para continuar la conversación.

«Tienes el mejor revés de todo el equipo de tenis.» «Gracias, Ken. Llevo meses practicándolo intensamente y ahora me alegro de poder ver mi esfuerzo recompensado. He visto que tú practicas el servicio, ¿cómo te va?»

CÓMO CONSEGUIR QUE LA GENTE QUE TÚ DESEAS ENTRE EN TU VIDA

Después de elegir a la persona que deseas conocer, iniciar una conversación y descubrir que tenéis cosas en común y podríais llegar a ser amigos, ¿qué puedes hacer para conseguir que esa persona entre en tu vida? Haz una invitación que creas que probablemente aceptará.

«Podríamos vernos algún día» es demasiado inconcreto y suena poco sincero. No te comprometas a hacer planes en común con alguien a menos que realmente desees hacerlo, en cuyo caso deberías formular una invitación clara y concreta.

Una invitación debe proponer una actividad (preferiblemente que os interese a ambos) y especificar el lugar y el momento. Es mejor formular la invitación con tanta naturalidad como sea posible. Y cuanto más simple sea, mejor. Tomar café es un compromiso mucho menos importante para una primera cita que pasar un fin de semana juntos. Pedir demasiado reduce la probabilidad de que acepten tu invitación.

RECOMENDABLE   «El viernes vendrán unos amigos a cenar a mi casa. Nada formal, será divertido. Me gustaría que vinieras.»

187

| RECOMENDABLE | «Tengo un par de entradas para el partido de fútbol del sábado. ¿Te gustaría venir conmigo?» |
| POCO RECOMENDABLE | «¿Qué haces el viernes por la noche?» (Obligas a la otra persona a decidir si se compromete o no antes de saber qué implica la invitación.) |

Qué hacer si rechazan tu invitación.

No supongas inmediatamente, como hace mucha gente, que la otra persona no quiere estar contigo. Quizá no le guste la actividad que propones o le resulte imposible venir porque ya tenía otros planes.

Tanto si te da una explicación como si no, sugiere otro día y/o actividad. Si declina tu invitación por segunda vez sin explicarte el motivo, es posible que no quiera volver a estar contigo. Si sospechas que ocurre esto, no preguntes por qué. Tal vez te daría una respuesta que te haría sentir incómodo.

En estos casos, es mejor despedirse con naturalidad utilizando palabras como: «Lamento que no hayamos podido fijar un encuentro. Tal vez en otra ocasión.» A continuación te alejas despacio y confiadamente, sintiéndote bien porque has hecho todo lo que podías y eres consciente de que nadie puede gustar a todo el mundo.

Si piensas que la otra persona no te ha rechazado, sino que existe algún motivo que no ha mencionado pero le impide aceptar tu invitación, un poco de insistencia puede proporcionarte grandes recompensas.

Intenta invitar de nuevo a esa persona al cabo de una o dos semanas. En ocasiones la insistencia vence la resistencia.

Cómo aceptar y declinar invitaciones con carisma.

Las personas con carisma aceptan las invitaciones que les atraen con gran entusiasmo, haciendo que la otra persona se sienta muy satisfecha, y declinan las invitaciones con educación y elegancia, ayudando a los demás a sentirse bien consigo mismos a pesar de todo.

Si alquien a quien te gustaría ver te pregunta: «¿Qué haces el sábado por la noche?», no le respondas: «Nada.» Esta respuesta te hace parecer menos interesante y te compromete a participar en una actividad que tal vez no te gusta o no puedes hacer. Es mejor preguntar: «¿Qué tenías pensado?» Si la actividad que te proponen no te interesa pero la persona que te invita sí te interesa, sugiere otras actividades del mismo estilo. Por ejemplo: «Me gustaría mucho verte el domingo, pero no sé jugar a tenis. Podríamos ir en bicicleta o a patinar, ¿qué te parece?» Si la otra persona ya tiene entradas o se ha comprometido de alguna otra forma a participar en una actividad, sugiere otro día y otra actividad.

Si alguien que no quieres volver a ver te hace la misma invitación, no intentes excusarte argumentando que tienes que lavarte el pelo u ordenar el armario, porque estarás insultando a esa persona diciéndole que prefieres hacer cualquier cosa antes de estar con ella.

No necesitas buscar ninguna excusa para justificar tu decisión. Si la invitación no te atrae, es mejor declinarla tan sinceramente como puedas sin herir los sentimientos de la otra persona.

«Gracias por invitarme. Lo siento, pero no puedo ir.»

«Seguro que será una fiesta magnífica y eres muy amable al invitarme, pero en estos momentos no puedo hacer planes.»

Puede resultar muy útil acompañar tu respuesta con un comentario o pregunta referente a algo que que no esté relacionado con la invitación. De este modo facilitas que la otra persona no se vea obligada a comentar tu negativa y le dejas entrever que no debe proponer una invitación alternativa. Estás diciendo claramente: «De momento es mejor que no fijemos una cita.» Ésta es la actitud más apropiada. La menos apropiada sería decir que te encantaría pero estás muy ocupado, porque entonces estás animando a la otra persona a proponer otras invitaciones y la condenas a sufrir varios rechazos en lugar de solamente uno.

Cuando declines una invitación, añade uno o dos cumplidos para suavizar el rechazo. Elogia cualquier cosa relacionada con la invitación, pero siempre con sinceridad. Cuando te gustaría aceptar una invitación pero estés realmente ocupado, puedes responder:

«Sabes que me encanta jugar al bridge contigo y siempre lo paso muy bien. Me sabe muy mal no poder venir el viernes, pero esperaré tu próxima invitación.»

Cuando prefieras no aceptar, puedes responder:

«Eres muy amable al invitarme, pero el viernes no puedo venir. De todos modos, gracias por pensar en mí.»

La verdad puede ser muy cruel. A veces decir una pequeña mentira puede parecer la única alternativa, pero intenta ser amable y sincero siempre que puedas.

Cómo negarte a dar tu número de teléfono sin ofender.

En mis cursos sobre carisma suelen preguntarme cómo puede uno negarse a dar su número de teléfono sin parecer antipático. Algunos estudiantes me han confesado que a veces dan números falsos porque no saben qué decir a una persona que no les interesa. Otros, cuando se les presiona demasiado, dan su número sólo para poder rechazar a la otra persona cuando llame. Ambas estrategias pueden herir los sentimientos de los demás.

Yo he descubierto una táctica muy eficaz que consiste en decir: «Eres muy amable por preguntar, pero normalmente prefiero no darlo.» En caso de querer suavizar la negativa, puedes añadir: «Si te parece puedes darme el tuyo.» Al hacer esta sugerencia intentas no herir los sentimientos de la otra persona sin tener que mentir ni inventarte excusas. A pesar de todo, muchas personas prefieren negarse con una mentira piadosa del tipo: «Gracias por preguntar, pero estos momentos mantengo una relación estable con una persona.»

El desarrollo de técnicas de conversación requiere práctica. Esto significa atreverse a hablar con la gente y poner en práctica lo que has aprendido. Felicítate por cada pequeño éxito, sabiendo que te estás esforzando para adquirir una cualidad que conservarás durante el resto de tu vida: el don de relacionarte con todo el mundo.

CAPÍTULO 12

Cómo proyectar una imagen irresistible
(incluso si no te consideras atractivo)

El atractivo físico es la combinación de lo que te ha dado la Naturaleza, lo que tú enseñas y lo que haces destacar.

Nuestro aspecto es como un anuncio publicitario. Dice a los demás quiénes somos y qué queremos. Transmite una información muy concreta que los demás utilizan para determinar si les interesamos o no. Nos guste o no, cuando conocemos a alguien siempre se nos juzga por nuestro aspecto. A medida que nos conocen mejor, nuestras cualidades como persona se hacen más evidentes y el aspecto físico pierde importancia.

UN ASPECTO ATRACTIVO ATRAE A LA GENTE

Una persona puede tener una gran personalidad y ser fantástica, pero si su aspecto no atrae a los demás, nunca se acercarán lo suficiente para descubrir lo maravillosa que es esa persona. Ésta es la principal ventaja de tener un buen aspecto: atraer a los demás, dándoles la oportunidad de descubrir y apreciar tus cualidades interiores.

¿Es necesario poseer belleza física para atraer a los demás? La respuesta es rotundamente no. Se ha comprobado que los prejuicios de la mayoría de la gente favorecen a las personas guapas y se presupone que son más inteligentes e interesantes que los demás. Nos resulta más fácil aceptarles, pero su belleza también puede ser un grave obstáculo. Muchas personas no dan credibilidad a aquellos individuos que poseen una gran belleza física y éstos pueden sentirse muy solos.

Tal vez les admiramos a distancia, pero no nos arriesgamos a acercarnos demasiado: «¿Por qué esa persona tan guapa e imponente tendría que interesarse en alguien como yo, pobre de mí?» Lo cierto es que nos sentimos menos intimidados por las personas que no poseen unos atributos físicos muy destacables y es más probable que nos relacionemos con ellas.

Las personas físicamente bellas que sólo se preocupan por su aspecto externo no desarrollan otros aspectos de sí mismas y pueden decepcionar a los que se arriesgan a acercarse a ellas. Con el paso de los años, muchas de estar personas se vuelven inseguras porque su principal cualidad —la belleza física— empieza a deteriorarse. Desprovistas de una belleza destacable, las personas de aspecto «normal» aprenden a desarrollar otros atributos y pueden ser más interesantes y alcanzar un mayor éxito social que los individuos increíblemente atractivos.

Al igual que asociamos el atractivo físico con la superioridad, también asociamos la falta de atractivo con la inferioridad. Por esta razón es de suma importancia tener el mejor aspecto posible.

Pero recuerda que esto no significa necesariamente tener unos rasgos faciales perfectos y un cuerpo magnífico, sino resaltar lo que posees.

TENER UN BUEN ASPECTO TE HACE SENTIR BIEN

¿No te has dado cuenta de que cuando tienes un «buen día» —cuando tu cabello adopta la posición adecuada, tu piel brilla y, por encima de todo, te sientes más atractivo de lo normal— también te sientes más alegre y seguro de ti mismo? ¿No observas que los demás te responden más positivamente que otros días? Considerarse atractivo puede transformar la personalidad de un individuo. El doctor Maxwell Maltz, autor de *Pshyco-Cybernetics*, observó este fenómeno en algunos de sus pacientes que se sometían a cirugía plástica. Muchos de los que sólo cambiaron pequeños detalles de sus rasgos físicos experimentaron grandes cambios de personalidad, mostrándose más extrovertidos y seguros de sí mismos. Una persona puede experimentar la misma transformación sometiéndose a los métodos más habituales para mejorar el aspecto físico. Es posible que hayas visto a personas de este tipo en la televisión, antes y después de que los expertos hayan creado un nuevo peinado, maquillaje y vestuario para ellos. ¿No te has fijado que la mayoría de personas que experimentan estos cambios irradiaban un atractivo que antes no tenían y se extendía mucho más allá de las simples mejoras físicas a que se habían sometido? Cuando una persona sabe que tiene buen aspecto, se siente mejor consigo misma y lo transmite a los demás. Como sabemos, sentirse bien con uno mismo es uno de los requisitos más importantes para generar energía carismática.

Yo compruebo la autenticidad de este principio todos los días en mi trabajo. Recientemente recibí la visita de una mujer de cuarenta y cuatro años, divorciada y bastante tímida. Hacía un año que Marlene había abandonado el pueblo natal donde creció para trasladarse junto con su marido a Los

Ángeles. Su aspecto no era nada destacable. Vestía ropa sencilla, no llevaba maquillaje y su larga cabellera lisa y castaña restaba valor a sus grandes ojos azules. Marlene proyectaba la imagen de la persona que había sido más que no la persona en quien se estaba convirtiendo.

Lo primero que hicimos fue cortarle el pelo y buscar un peinado que le diera la imagen y los rasgos faciales deseados. También asistió a una sesión de maquillaje para aprender a resaltar sus rasgos faciales más atractivos y disimular los menos deseables.

Cuando volví a verla al cabo de unos días, ya se había iniciado la transformación. Me dijo con gran entusiasmo: «Me encanta mi nuevo peinado y no puedo creer lo bien que me sienta el maquillaje. Soy una mujer nueva.»

Me contó que la noche anterior incluso le habían pedido una cita. Visitó a una amiga para enseñarle su nueva imagen y conoció brevemente al afortunado. Era la primera vez que un hombre la invitaba a salir desde que había llegado a Los Angeles. Aunque todavía le queda mucho camino por recorrer, Marlene ha empezado a desarrollar su magnetismo personal con muy buen pie.

He visto muchos casos de personas que han vivido la misma experiencia fascinante: mejoran su aspecto y se sienten mejor consigo mismas, e inmediatamente los demás responden mejor ante ellas.

CÓMO ATRAER A LAS PERSONAS «ADECUADAS»

Mejorar tu capacidad de atraer a los demás es muy positivo para el ego, pero tal vez no baste para atraer a las personas deseadas. He oído el mismo lamento decenas de veces: «Siempre atraigo a la gente que no me interesa.» ¿Quiénes son las personas «adecuadas»? Las que valoran las mismas cosas que tú y te apreciarán tal como eres. Si proyectas una imagen poco sincera de tu persona, atraerás a los que buscan lo que estás fingiendo o representando. En este caso, serás incapaz de satisfacer sus expectativas y probablemente se sentirás poco orgulloso de tu actuación.

Para conocer a personas con quienes tengas algo en común, debes utilizar tu aspecto físico para anunciar quién eres y qué quieres. Entonces será más probable que atraigas al tipo de personas que deseas. Todos sentimos una atracción natural hacia las personas que son como nosotros. Los aficionados al golf tienen amigos aficionados al golf. Las personas con tendencias artísticas o académicas tienen amigos interesados en los mismos temas. Por ejemplo, si te presentas como una persona muy natural cuando en realidad tus gustos son más bien sofisticados, puedes enfrentarte a grandes dificultades.

Cuando se cambia la imagen que uno proyecta, normalmente se obtienen resultados inmediatos. Éste fue el caso de Charles, un joven de veintiocho años bastante reservado que se dedicaba a la venta de ropa femenina. Se quejaba de atraer a personas muy extrovertidas a quien siempre intentaba complacer mostrándose alegre y vital. Sin embargo, Charles debía dedicar sus esfuerzos a buscar a personas como él, más conservadoras y poco amantes de las reuniones multitudinarias.

Como se dedicaba al negocio de la moda, pensaba que siempre debía vestir según las últimas tendencias más atrevidas, pero con esto sólo conseguía agravar el problema. Decidimos buscar un vestuario más discreto, que igualmente siguiera la moda pero con una tendencia más clásica, cambiamos su peinado e inmediatamente empezó a atraer a personas que le interesaban. El alivio de sentirse bien siendo uno mismo y comprobar que los demás te aceptan es indescriptible.

Cuando evalúes tu aspecto, no te limites a juzgar lo atractivo que eres. También debes tener en cuenta si tu imagen refleja tu verdadera personalidad.

LA FÓRMULA DE LAS 4 AS PARA TENER UN ASPECTO INMEJORABLE

Conseguir un aspecto óptimo significa maximizar todos los atributos que nos ha dado la naturaleza para potenciar el atractivo físico y proyectar una imagen que refleje sinceramente la personalidad de un individuo.

Tú puedes conseguir un aspecto óptimo utilizando la Fórmula de las 4 As del Programa de Desarrollo del Carisma.

```
          Análisis
             +
          Acción
             +        =   Aspecto óptimo
         Aceptación
             +
          Actitud
```

1. Análisis

Es importante analizar la imagen que proyectas y los elementos que la forman. En primer lugar, analiza la materia prima: las cualidades y los defectos que te han proporcionado tus genes y tu estilo de vida. Observa atentamente tu cuerpo desnudo de pies a cabeza, sin peinarte de forma especial ni maquillarte. Intenta analizar objetivamente qué aspectos debes mejorar.

198

Decide si las siguientes características representan una ayuda o un obstáculo para atraer a los demás:

Característica   **Ventaja - Inconveniente**
                                      [*Elige uno*   ]

• Cabello
  (color, cuerpo, textura)
• Cutis
  (color, luminosidad, hidratación)
• Rasgos faciales
  Cejas
    (espesor, forma, color)
  Ojos
    (color, tamaño, forma, posición)
  Nariz
    (tamaño, forma)
  Boca
    (tamaño, forma)
  Dientes
    (alineación, estado)
• Estructura facial
  Barbilla
    (tamaño y forma)
  Mejillas
  Forma del rostro
    (redondo, ovalado, cuadrado, triangular)
• Cuerpo
  (altura, peso, forma/constitución,
  tono muscular, porte, flexibilidad)

Ahora vuelve a colocarte frente al espejo, pero esta vez «arréglate» como sueles hacerlo al iniciar el día. Utiliza la lista anterior para anotar información mientras observas tu aspecto. Analiza si las técnicas que habitualmente utilizas para potenciar tu aspecto consiguen maximizar tus ventajas y minimizar los inconvenientes, y en qué casos podrías conseguir mejores resultados.

**Hoja de trabajo para
el análisis de la imagen física proyectada**

	Muy bien	*Aceptable*	*Necesita mejorar*
• Cabello			
aspecto			
color			
peinado			
• Rostro			
gafas			
Hombres: bigote/barba			
Mujeres: maquillaje			
• Cutis			
• Dientes			
aspecto			
estado			
• Cuerpo			
peso			
silueta			
estado			
• Vestuario			
estilo			
color			
• Aseo			
limpieza			
pulcritud			
• Imagen global			
• Imagen por extensión			

Evaluando el cabello

Observa si está limpio y su estado. ¿Le falta cuerpo y volumen, está seco o graso, o brilla y parece muy sano? ¿El peinado que llevas favorece tus rasgos faciales? ¿Es actual o está pasado de moda? ¿Es apropiado para tu edad y personalidad? ¿El color resalta el tono de tu piel y tus ojos? Si lo llevas teñido, ¿tiene un aspecto natural y bien cuidado? Si no, ¿qué color podría favorecerte más? Si tienes canas, ¿estarías más atractivo disimulándolas con tinte?

Evaluando el rostro

HOMBRES:

¿Vas bien afeitado? Si llevas bigote o barba, ¿resalta tus rasgos faciales o les resta atractivo? ¿Parece bien cuidado? ¿Se ajusta a la imagen que deseas? Si no llevas bigote ni barba, ¿estarías más atractivo si llevaras una o ambas cosas? ¿La forma y el espesor de las cejas complementan tu rostro? ¿Has eliminado los pelos de la nariz y las orejas?

MUJERES:

¿Tu maquillaje resalta tus mejores rasgos y disimula los más desafortunados? ¿Parece natural o llama la atención? ¿Es apropiado para tu edad, imagen deseada, ocasión y momento del día?

Si usas gafas, ¿te favorecen y armonizan con tu rostro y tu imagen? ¿Tu piel goza de luminosidad y parece sana?

Evaluando el vestuario

¿Tu estilo de vestir es el adecuado para tu altura, peso y constitución? ¿Refleja tu personalidad o algún aspecto de ella? ¿Qué dice de ti? ¿Es lo que deseas? ¿Tu ropa es la apropiada para la estación, el clima y la ocasión? ¿Está pasada de moda? ¿Denota buen gusto? ¿Parece bien combinada? ¿Llevas accesorios adecuados? ¿El color es el adecuado para el tono de tu piel, cabello y ojos? ¿Te sienta bien? ¿El dobladillo de los pantalones o falda está recto y a la altura apropiada? ¿La tela te ayuda a proyectar la imagen que deseas? ¿Te sientes cómodo con la ropa que llevas?

Evaluando el aseo

¿Llevas el cabello limpio y bien peinado? ¿Las uñas limpias y bien cortadas? ¿La ropa limpia, planchada y en buen estado? ¿Los zapatos limpios? ¿Vas bien afeitado? ¿Tienes un aspecto cuidado o descuidado? ¿Te «arreglas» todos los días o sólo en ocasiones especiales?

Evaluando el cuerpo

¿El tamaño y las formas de tu cuerpo favorecen o perjudican tu imagen global? ¿Tu porte refleja seguridad en ti mismo y buena salud? ¿Eres capaz de moverte con soltura o estás en baja forma física?

Evaluando la imagen global

¿Todos los elementos de tu imagen dicen lo mismo de ti o, por ejemplo, tu peinado dice una cosa y tu forma de vestir otra diferente? ¿Qué mensaje transmite tu imagen? ¿Es el que deseas transmitir? ¿Tienes el aspecto de alguien a quien te gustaría conocer?

Evaluando la imagen por extensión

Considera que tu casa, despacho, coche y posesiones son extensiones de ti mismo, porque los demás los ven como si así lo fueran. ¿Qué imagen proyectan acerca de tus valores, preferencias y características? ¿Son coherentes con tu aspecto físico y tu personalidad? ¿Qué deduciría sobre ti alguien que los viera? Desarrolla un estilo personal que se extienda a tu forma de vestir, tus posesiones y tu entorno y diga a los demás quién eres. Estos elementos te ayudan a comunicar tu personalidad, que es la base de tu carisma.

2. Acción

Cuando hayas analizado cuáles son tus puntos fuertes y cuáles podrías mejorar, llega el momento de pasar a la acción. No te desanimes por lo que la naturaleza te haya dado o no. Puedes mejorar cualquier cosa. El vestuario, el peinado y, para las mujeres, el maquillaje son valiosas herramientas que pueden ayudarte a conseguir la imagen que desees. Decide cómo potenciar tus cualidades físicas. Acentúalas para que los demás se fijen primero en ellas y no en tus puntos débiles.

Los inconvenientes, puntos débiles o defectos pueden tratarse de una de las tres formas siguientes:

Transformándolos en ventajas

Recuerdo perfectamente a una de mis clientas cuyo peor inconveniente se convirtió en su principal ventaja. La primera vez que la vi pensé que tenía el cabello permanentado más seco, mal cuidado y mal teñido que había visto en mi vida. Era, de lejos, la característica más negativa de su aspecto. Un especialista le hizo un corte actual, le estiró el cabello, le suavizó el color y le aplicó un tratamiento regenerador. Su suave y brillante cabello natural se convirtió en su principal atributo físico, que suavizaba los rasgos más bien duros de su rostro.

Cuando un defecto físico es especialmente negativo para la imagen de una persona, ya sea en opinión de los demás o de la propia persona, en ocasiones es recomendable acudir a la cirugía estética. Los defectos corregidos también pueden transformarse en el atributo físico más positivo de una persona.

Eliminándolos

Por ejemplo, una persona puede eliminar los kilos de más siguiendo una dieta o las manchas de los dientes haciéndose una limpieza dental.

Disimulándolos

Por ejemplo, la ropa adecuada puede ayudar a disimular muchas imperfecciones y conseguir que una silueta parezca perfectamente proporcionada.

Los problemas de la piel como cicatrices o señales de nacimiento pueden ocultarse utilizando maquillaje especial.

Experimenta hasta que encuentres lo que te hace tener mejor aspecto. Cuando compres ropa, confía en tu propia opinión en lugar de hacer caso a la persona que intente vendértela. Si necesitas ayuda para llevar a cabo determinados pasos para mejorar tu aspecto físico, puedes pedir consejo a un amigo de quien admires su aspecto físico. Aprende nuevas técnicas leyendo revistas o libros, o pide consejo a un asesor especializado.

3. Aceptación

Cómo te sientes con tu aspecto físico es tan importante como el aspecto físico que realmente tienes. De hecho, muchas personas consideran que incluso es más importante. En un estudio realizado en que se preguntó a cientos de hombres qué consideraban más atractivo en una mujer, las siete respuestas más frecuentes fueron las siguientes: seguridad en sí misma, serenidad, inteligencia, amabilidad, feminidad, confianza en sí misma y sentirse a gusto con su cuerpo. Las piernas bien formadas y otros atributos físicos ocupaban un lugar muy inferior en la lista de preferencias. Otros estudios realizados sobre lo que los hombres y las mujeres encuentran más atractivo en el sexo opuesto han revelado resultados muy similares. Un cuerpo perfecto no ayuda necesariamente a proyectar carisma, pero una actitud positiva con respecto al cuerpo sí es fundamental.

¿Cómo te sientes con tu aspecto físico? ¿Te gustan tu cara y tu cuerpo? La primera vez que analizaste tu imagen frente al espejo, ¿te fijaste primero en los defectos o en las cualidades? Si buscas tus defectos permanentemente, es probable que perpetúes una imagen negativa de ti mismo que puede destruir tu seguridad y sabotear la imagen que transmites a los demás.

¿Supones que todo el mundo se fijará inmediatamente en lo mismo que tú te fijas y te juzgará por los dos o tres defectos por los que tú te juzgas? Sólo ocurrirá en raras ocasiones. Lo cierto es que la mayoría de la gente no suele fijarse en características concretas. Con frecuencia ni siquiera se fijarán en los pequeños arañazos o cardenales que tanto nos preocupan. Prácticamente todo el mundo se fijará en la impresión general que le produce el aspecto de una persona. Las imperfecciones sólo tienen importancia para la persona que las posee.

Muchas veces nos obsesionamos por el aspecto que pensamos que deberíamos tener. Incluso muchos de los hombres y mujeres más bellos —modelos, cantantes, actores y bailarines— exageran sus imperfecciones y se sienten insatisfechos con su cuerpo. De hecho, tener una mala imagen del propio cuerpo es la norma general. En muchas ocasiones, los pensamientos negativos con respecto a nuestro cuerpo indican un bajo grado de autoestima. En estos casos, ninguna mejora física podrá aliviar los sentimientos negativos.

Esta obsesión es especialmente frecuente con relación al peso corporal. Los productos dietéticos y los libros especializados son un gran negocio gracias a todas aquellas personas que no se cansan de buscar un método rápido y sencillo para adelgazar. Una revista realizó una encuesta entrevistando a 33.000 personas y descubrió que el 75 por ciento de ellas se sentían gordas, el 50 por ciento seguían dietas excesivamente rígidas o practicaban el ayuno, el 63 por ciento reconocía que su peso afectaba sus sentimientos y el 46 por ciento se sentían inseguras al lado de prácticamente cualquier persona. Por otra parte, la mitad de los encuestados delgados o de peso normal no estaban satisfechas de su peso y un 80 por ciento seguía haciendo dieta para adelgazar.

La solución es aprender a gustarte tal como eres, mejorar lo que puedas y aceptar lo que no puedas cambiar. Debemos darnos cuenta de que la perfección es irreal, innecesaria y normalmente se basa en opiniones y valores variables de otras personas, la sociedad o los medios de comunicación.

¿Qué puedes hacer si realmente tienes un problema físico que no puedes cambiar con rapidez (si por ejemplo padeces exceso de peso)? En primer lugar, acéptate tal como eres, con todos tus kilos de más. Si no te odias a ti mismo, te resultará mucho más fácil eliminar el peso que te sobra y no volver a recuperarlo jamás. Esto no significa que no tengas que hacer nada, sino que debes gustarte a pesar de todo. Para que sea eficaz, el esfuerzo de mejorar la propia imagen física debería ser un acto de amor por uno mismo y por su cuerpo en lugar de ser un acto inspirado por el rechazo. La decisión de perder peso debería ser una elección consciente impulsada por el amor y el deseo de sentirse mejor. Cuando una persona se fuerza a sí misma a seguir una dieta porque no puede aceptarse tal como es, la imposición de no comer los alimentos deseados crea resentimiento y frustración y sólo conduce al fracaso, provocando un sentimiento de culpabilidad e ineptitud. Este comportamiento es totalmente incompatible con el carisma.

Cuando hayas hecho todo lo que podías con para mejorar todas las características de tu aspecto que considerabas negativas, o mientras lo estés haciendo, concentra tu mente en sentirte bien contigo mismo por todos los atributos positivos que posees. Fijarte en tus mejores cualidades internas y externas te ayudará a sentirte mejor y gustarte más. Y cuanto más te gustes, más fácil te resultará cambiar.

¿Qué ocurre si hay algo de tu cara o tu cuerpo que no te gusta y no puedes cambiarlo? Las limitaciones físicas sólo representan un obstáculo si las consideras como tales. Jill Kinmont, una chica tetrapléjica que fue mi compañera de habitación en el centro de rehabilitación, terminó sus estudios y se convirtió en maestra. También se casó. Los músicos ciegos escriben melodías, tocan instrumentos y actúan profesionalmente en todo el mundo. Estas personas han superado sus limitaciones físicas aceptándolas y tomando la firme determinación de no permitir que estos problemas les impidan conseguir todo aquello de lo que son capaces.

Tal vez tú te preocupas por una característica física que no es tan grave como la parálisis o la ceguera, aunque sin embargo consideras que te limita, como por ejemplo ser bajo. Desde el punto de vista estético, es recomendable elegir ropa de colores y estilos que te hagan parecer más alto. Sin embargo el principal problema que debes afrontar es el componente emocional con el cual muchas personas, sobre todo hombres, tienen dificultades. Las quejas varían desde no ser tomados en serio y ser incapaces de expresar autoridad, especialmente en el trabajo, hasta no poder encontrar a ninguna mujer suficientemente baja con quien salir. La solución es un cambio de actitud. Si el hecho de ser bajo te hace sentir incompetente, serás incompetente.

Tony, un chico que mide 1,55 metros de altura, está casado con una escultural modelo que mide 1,75. Tony dirige una empresa que emplea a más de setenta y cinco personas y todos le respetan mucho a él y a su habilidad para los negocios. Tony me confesó que simplemente «piensa alto» y da lo mejor de sí mismo aprovechando sus cualidades. Uno de los constructores más importantes de Los Angeles sólo mide 1,60. El éxito que ha conseguido en su carrera demuestra que él tampoco «piensa bajo». El actor Dudley Moore es otro ejemplo de hombre bajo que no se limita a sí mismo. Aparentemente poco dotado por su estatura, consiguió abrirse camino en el competitivo mundo del cine y es famoso por haber estado en compañía de mujeres mucho más altas que él.

Para tener una imagen positiva de uno mismo es necesario aceptar lo que no se puede cambiar, y una imagen positiva de uno mismo es la base del carisma. Analiza tu aspecto físico con fines constructivos. Haz todo lo que puedas para que te guste tu aspecto. Acepta y aprende a amar quién eres y el aspecto que tienes. Deja de preocuparte por tu cuerpo y preocúpate por la vida.

4. Actitud

A mi hija Laura le abollaron el parachoques del coche en el aparcamiento del instituto. Ella siempre se pagaba los gastos de mantenimiento del coche y entonces no podía correr con los gastos de reparación. Como el coche tenía un aspecto horrible de todos modos, raras veces se molestaba en lavarlo. Más tarde se dio cuenta de que había un pequeño agujero en el asiento trasero pero, como no se preocupó de arreglarlo, el agujero se fue abriendo y acabó por destrozar toda la tapicería. El coche no funcionaba tan bien como hubiera podido, pero Laura decía que no valía la pena reparar aquel «cacharro». Cuanto más abandonaba el coche, más lo odiaba. Cuanto más lo odiaba, peor aspecto tenía el coche y peor funcionaba.

Desgraciadamente, algunas personas hacen lo mismo con su propio cuerpo. Consideran que no merece la pena esforzarse por mejorarlo y quedan atrapadas en una interminable espiral de descuido, abuso y odio. El descuido y el abuso no tardan mucho en hacerse evidentes. Cuando no cuidamos nuestro cuerpo, estamos emitiendo señales negativas acerca de cómo nos sentimos. Cuanto más nos gustamos, más dispuestos estamos a realizar el esfuerzo necesario para tener el mejor aspecto posible y conseguir que nuestro organismo funcione correctamente.

La imagen del carisma es una imagen de rostros y cuerpos saludables, vitales y bien cuidados que transmiten intensos mensajes de autoestima y sentimientos positivos. Ser carismático no sólo está relacionado con el aspecto externo, la forma de hablar, moverse, sentir, pensar y comportarse, sino también con cómo se funciona físicamente. No basta con no padecer enfermedades.

LA SALUD ES ATRACTIVA

Cuando goza de buena salud, una persona posee una energía natural ilimitada y parece joven, ágil y relajada. Tiene la piel luminosa y el brillo de los ojos indica que se siente de maravilla. Esta fantástica sensación de bienestar se puede conseguir aprovechando todas las posibilidades físicas y emocionales que se tienen. La buena forma física, una buena alimentación y el control del estrés son los tres principios básicos para disfrutar de una vida sana y carismática.

Ponte en forma

A veces pienso que tengo suerte de estar delgada y tener una buena figura, pero la suerte tiene muy poco que ver en ello. Intento seguir una dieta equilibrada y hago ejercicio regularmente. Además de realizar otros ejercicios, ando varios kilómetros sobre una cinta a paso rápido al menos tres veces por semana. Yo y varios millones de personas más hemos descubierto que los ejercicios aeróbicos no sólo mejoran varios problemas físicos, como por ejemplo de espalda, respiratorios y cardiovasculares, sino que además aumentan la energía y el buen humor y hacen disminuir el estrés. Desde una perspectiva psicológica, se ha comprobado que correr fomenta la autoestima, reduce la ansiedad y suaviza la depresión. Muchos artistas, escritores, músicos y científicos afirman que los ejercicios aeróbicos estimulan su creatividad.

El ejercicio físico produce una estimulación natural porque la glándula pituitaria segrega unas hormonas llamadas endorfinas. Esta sustancia se parece a la morfina pero, en dosis comparables, es doscientas veces más potente. Los ejercicios aeróbicos multiplican por cinco el nivel de endorfinas del organismo, produciendo una intensa euforia natural muy parecida a la que un individuo experimenta cuando su carisma se encuentra en el punto álgido. Calificarlo de emocionante es poco. Crece dentro de ti hasta que ya casi no puedes contenerlo, haciendo que todo parezca maravilloso.

La euforia puede aumentarse pensando en cosas alegres mientras va creciendo. Cuando camino sobre la cinta, por ejemplo, escucho música con auriculares absorbiendo el ritmo y la melodía hasta que forman parte de mí, mientras revivo mentalmente algunas experiencias positivas que he tenido recientemente. A veces visualizo que consigo los objetivos personales más difíciles y mis sueños se convierten en realidad. Con frecuencia tengo que reprimirme para no reír en voz alta, diciendo al mundo lo bien que me siento.

Clínicamente, la euforia puede durar de treinta minutos a dos horas después de dejar de hacer la actividad que la pro-

210

voca. Sin embargo, yo he memorizado esta sensación de alegría concentrándome en sus efectos físicos y emocionales, y puedo mantenerla durante varias horas y reproducirla a varios niveles, en la mayoría de situaciones y sin ningún estímulo externo. Si alguna vez has experimentado esta sensación de estar en onda y ponerte en marcha, has disfrutado de la inmensa alegría del carisma.

Si no haces ejercicio regularmente, decídete a practicar una actividad aeróbica. Nadar, andar e ir en bicicleta son tres de las actividades más efectivas y que causan menos lesiones. Tal vez deseas elegir más de una y alternarlas para que no resulten monótonas. El ejercicio físico debe producirte placer, de modo que elige actividades que te gusten.

Come con inteligencia.

Muchas personas creen que tratarse bien a sí mismas significa comer todo lo que quieran en cantidades ilimitadas y en cualquier momento. Pero al igual que educamos a nuetros hijos para que se preocupen por su bienestar, nosotros también debemos aprender a hacer lo mismo y preocuparnos por nuestro bienestar interior y exterior. Seguir una dieta equilibrada es un acto de amor por uno mismo, y para que resulte eficaz debemos verlo así y no como una obligación impuesta por un sentimiento de culpabilidad o insatisfacción.

El helado o la pizza que nos tomamos de vez en cuando no perjudican nuestra salud, vitalidad y peso; lo que causa problemas es el consumo diario e irreflexivo de este tipo de «comida basura». Las comidas demasiado abundantes y pesadas y un exceso de comida «basura» pueden causarte somnolencia y un aumento de peso indeseado. La cafeína y el azúcar provocan oscilaciones de los niveles de azúcar de la sangre, causando entre otros efectos mal humor, irritabilidad y falta de energía (estados que perjudican el carisma).

A pesar de que la dieta más adecuada pueda variar de un individuo a otro, a casi todo el mundo le conviene más comer verdura, fruta y legumbres que alimentos grasos, dulces y chocolatinas. En general, una dieta equilibrada suele incluir pocas grasas, azúcar y sal y muchos alimentos naturales, ingerido todo en cantidades moderadas para favorecer la buena salud y la vitalidad.

Aprende a relajarte. Si no estás en paz contigo mismo, te sentirás feo y transmitirás esa fealdad a los demás por mucho que intentes mejorar tu aspecto externo. Cuando estamos relajados y contentos, todos parecemos más jóvenes y atractivos. La mente y el espíritu son tan importantes para el atractivo como el propio cuerpo. La tensión y el nerviosismo pueden ensombrecer fácilmente la belleza interior. Las personas tensas nos causan una impresión negativa. Superar con calma las situaciones que provocan nerviosismo es una cualidad carismática.

La presencia de estrés en nuestra sociedad es una realidad innegable. ¿Quién no quisiera tener cuatro manos o alargar el día unas cuantas horas? Todos padecemos los efectos negativos del estrés porque intentamos hacer demasiadas cosas en muy poco tiempo, llegamos tarde o no obtenemos los resultados que esperábamos. Pero sólo nosotros podemos decidir que estos incidentes nos afecten o no. Sólo nosotros permitimos que nos invada el nerviosismo. Lo que pensamos acerca de lo que ocurre determinará si nos ponemos nerviosos o mantenemos la calma y el control de la situación.

¿Te has preguntado alguna vez por qué algunas personas siempre están tensas y nerviosas y tienen problemas para cumplir con las obligaciones de su vida cotidiana mientras que otras consiguen hacer el doble de trabajo sin perder la calma? Las personas que no se dejan invadir por el nervio-sismo establecen un orden de prioridades, planifican su tiempo y asumen que hacen todo lo que pueden y que, si se preocupan porque no pueden hacer más, sólo conseguirán hacer menos.

¿Te has fijado alguna vez en algunas personas que hacen cola o están atrapadas en un atasco de tráfico y se ponen ner-viosas, mientras que otras que están en las mismas circuns-tancias mantienen la calma? Las personas pacientes y tran-quilas parecen disfrutar de la situación, hablan con la gente que está a su alrededor o sueñan despiertas con una expre-sión de felicidad en su rostro. Han decido no malgastar ni un momento de su vida irritándose por cosas que escapan a su control. Estas personas no permiten que cualquier contra-tiempo se convierta en una catástrofe, e intentan evitar preo-cuparse inútilmente.

Tú también puedes tomar la decisión de mantener una actitud serena. Cuando notes que te estás poniendo nervioso en un atasco, por ejemplo, piensa que el hecho de impacien-tarte no te hará llegar más deprisa a tu cita, sólo más nervio-so y menos capaz de causar una buena impresión. Si tu coche de repente deja de funcionar y empieza a salir un humo negro del motor en una calurosa tarde de verano, piensa que no es el fin del mundo. Simplemente es un contratiempo nor-mal y toda la irritación que puedas reunir no te servirá para solucionarlo más deprisa; sólo te servirá para estropear una pausa forzada que podría ser agradable, y tal vez perdiendo la oportunidad de bromear con el simpático conductor de la grúa.

Durante muchos años, a mí me costaba muy poco perder los estribos en las situaciones imprevistas. Cuando me di cuenta de lo inútiles que eran los sentimientos negativos y cómo acentuaban mi malestar, hice un esfuerzo para cambiar mis reacciones. Supe que lo había conseguido cuando perdí mi reloj de oro en una fiesta y jamás volví a verlo. Cuando me di cuenta de que se me había caído en la pista de baile, mi compañero y yo nos agachamos para buscar entre las otras parejas que bailaban, pero no conseguimos encontrarlo. El incidente afectó mucho más a mi compañero que a mí y no paraba de repetir que seguro que me sentía fatal y tal vez sería mejor que me acompañara a casa. Recuerdo perfectamente que, a pesar de que me dolía mucho haber perdido el reloj, no pensaba empeorar las cosas acabando con aquella fantástica velada para irme a casa y lamentarme por lo ocurrido. Nos quedamos en la fiesta y lo pasamos de maravilla, después de convencer a mi amigo de que no valía la pena malgastar el tiempo preocupándose por las «cosas», porque puedes repararlas o reemplazarlas, pero una velada agradable desaprovechada no se recupera jamás.

La próxima vez que te encuentres en una situación parecida, presta atención a tu diálogo interior. Incluso las peores situaciones pueden mejorarse si consideramos su verdadera importancia y mantenemos una actitud positiva.

LA AUTÉNTICA BELLEZA NO RESIDE EN EL ASPECTO EXTERNO

Lo más atractivo es lo que existe en el interior de una persona. La belleza interior es armonía y paz interior, riqueza de espíritu y un sentido de equilibrio en todas las cosas. Se compone de aceptación, respeto y amor por uno mismo y una sensación de plenitud. Brilla intensamente, iluminando el aspecto externo con una inconfundible luz radiante que supera cualquier belleza física.

La auténtica belleza se manifiesta paralelamente al desarrollo espiritual.

GENTE ESPECIAL, ATRACTIVO ESPECIAL

Algunas de las personas más carismáticas no son físicamente atractivas, pero poseen otros elementos importantes que actúan a su favor. Todos recordamos a alguna persona joven, madura o anciana que en una ocasión nos cautivó con su adorable personalidad sin ser especialmente bella. Hace algún tiempo, tuve la suerte de poder hablar con un locutor radiofónico ciego, Glen Gordon, y me impresionó tanto su sentido del humor y su fantástica personalidad que pensé en él durante varios días después de haber mantenido una conversación telefónica de veinte minutos.

Todo el mundo puede potenciar su atractivo desarrollando aquellas cualidades positivas y únicas que posea.

PARTE 4

CARISMA
EN ACCIÓN

CAPÍTULO 13

Cómo ser un vencedor en el amor: utilizar el carisma para hallar el amor y construir relaciones que funcionen

> *El auténtico amor es sinónimo de alegría de vivir.*

Nos han explicado lo que es el amor, lo mucho que todos lo deseamos, lo triste que puede ser la vida sin él, dónde buscarlo, cómo saber cuándo lo hemos encontrado, cómo actuar correctamente y cómo conseguir que dure, sin embargo todavía nos resulta muy difícil buscarlo, encontrarlo, capturarlo y mantenerlo.

¿Qué más puedes hacer después de haber leído todos los libros que has podido encontrar sobre citas y encuentros, el amor en general y cómo mejorar las relaciones? Sabes qué debes hacer en cada momento y lo has intentado, pero sigues sin tener las maravillosas relaciones que desearías.

A pesar de que algunos recursos como las técnicas de conversación, métodos para fomentar la intimidad, mejorar el aspecto físico, aprender a utilizar medios lícitos y experimentar con las técnicas sexuales más innovadoras puedan ayudar a desarrollar una relación más satisfactoria, jamás, sin la ayuda de otros ingredientes esenciales, podrán crear el deseado amor duradero que agita el corazón, sorprende al espíritu y da un nuevo sentido a la vida.

EL PRINCIPAL INGREDIENTE DEL AMOR

El principal ingrediente del amor es la persona que lo experimenta. Nuestras relaciones con los demás son reflejos de nuestra relación con nosotros mismos. Si somos felices con nosotros mismos, tenemos muchas posibilidades de ser felices con otra persona. Si nos amamos incondicionalmente, somos capaces de amar incondicionalmente a otra persona. Y si demostramos aceptación, compasión, tolerancia, respeto y apoyo hacia nosotros mismos, también podremos demostrarlo hacia los seres queridos. Nuestro amor es una extensión de nuestra visión de la vida, y será tan pleno, rico y profundo como nosotros lo seamos como personas.

La dulzura del amor no puede sobrevivir fácilmente en el amargo entorno de una vida negativa. Aquellos individuos que son críticos, intolerantes y severos consigo mismos suelen tener poco éxito en el amor. Basando las relaciones en las necesidades o carencias neuróticas de la propia personalidad o la vida de uno mismo, sólo se consigue condenarlas directamente a ser menos de lo que podrían ser. Con frecuencia las relaciones adquieren un carácter autodestructivo y potencian los aspectos más negativos de la personalidad de un individuo.

Las personas carismáticas poseen todos los elementos necesarios para encontrar el amor y mantenerlo en óptimas condiciones. Las mismas cualidades que les hacen ser personas con carisma también les convierten en ganadores en el amor.

Los individuos carismáticos tienen una seguridad interior que les permite correr el riesgo de ser rechazados cuando buscan el amor y, cuando consiguen encontrarlo, pueden amar con absoluta sinceridad y confianza, porque están dispuestos a correr el riesgo de sufrir pérdidas futuras con tal de poder disfrutar la satisfacción del presente. Eligen parejas con un elevado grado de autoestima similiar al suyo, haciendo que sus relaciones estén libres de las exigencias, las restricciones, las tensiones y los problemas internos que fácilmente podrían aparecer en casos de persona con poca autoestima. El hecho de gustarse a sí mismos les permite arriesgarse a vivir una auténtica intimidad, a mostrarse tal como son ante su pareja, sin miedo a revelar aspectos sensibles o débiles de su personalidad. La autoestima, que es la base del carisma, también es esencial en el amor.

Las personas carismáticas tienen una gran capacidad de amar y ser amadas. Son capaces de darse a sí mismas desde unas profundidades cuya existencia muchas personas jamás llegan a conocer. Se fijan, aprecian y responden a fuentes de felicidad que la mayoría de los demás dan por sentadas, convirtiéndose en compañeros especialmente deseables.

Saborean cada mirada, contacto físico o emoción y aprovechan su elevada capacidad de obtener felicidad a partir de simples experiencias cotidianas para intensificar su amor. Sus constantes esfuerzos para crecer y desarrollarse como individuos favorecen el crecimiento y el desarrollo de sus relaciones. Su pasión por la vida, su espíritu alegre, espontaneidad e interés por las novedades les hacen ser divertidos, interesantes y diferentes, y por tanto atractivos para las posibles parejas y estimulantes para las ya existentes.

221

El enfoque carismático para hallar el amor

No esperes que el amor cree felicidad. Algunas personas utilizan el amor como recurso para evitar enfrentarse a sí mismas, pero el amor no puede rescatar a nadie. No esperes que el amor te haga sentir mejor contigo mismo o mejore tu vida. Puede hacer que te sientas valorado, pero no puede crear ese valor. También puede hacer más agradable una vida que ya es buena, pero no puede transformar una vida vacía en una vida plena y gratificante.

Una relación que se inicia con la creencia de que el amor proporciona la felicidad es una relación construida sobre arenas movedizas. El éxtasis momentáneo pronto da paso a la realidad previa, a las insatisfacciones cotidianas, y entonces se suele culpar a la pareja por ello. El amor no puede sustituir la felicidad personal, sólo puede intensificar la que ya existe.

Cuando una persona busca amor desesperadamente, en realidad suele buscar autoestima. Esta persona transmite su necesidad a los que le rodean. Los demás reconocen la mirada de un individuo que desea ardientemente conocer a «la persona especial» y se alejan de él.

Al igual que la ofertas de empleo, que recibimos cuando ya tenemos trabajo y brillan por su ausencia cuando más las necesitamos, el amor también suele llegar cuando menos lo buscamos.

En los mejores aparejamientos, nos enamoramos de una persona que refleja lo que nos gusta de nosotros mismos. Esta persona nos hace mostrar y alimentar los mejores aspectos de nuestra personalidad. La relación de amor ideal se basa en apreciar y alabar a uno mismo, la pareja y la vida.

222

Sé consciente de lo que buscas en una pareja ideal y sé digno de esa persona

En el momento de buscar pareja, es importante saber qué queremos y qué no queremos. Piensa en las cualidades positivas que son prioritarias para ti, las que tienen menos importancia y las que tienen muy poca o ninguna. Considera qué aspectos negativos podrías aceptar y cuáles no.

¿Posees las cualidades positivas que desearías encontrar en otra persona? ¿Y las negativas que no serías capaz de aceptar en tu pareja? La forma más segura de atraer a la pareja ideal es ser como ella. En la mayoría de los casos, los ganadores eligen a otros ganadores y los perdedores eligen a otros perdedores.

No busques la perfección.

La búsqueda de la perfección es el principal enemigo de la persona sin pareja porque impide el desarrollo de muchas relaciones potencialmente positivas incluso antes de su inicio. Mantén una actitud abierta y concede algún tiempo a las personas que conozcas antes de decidir que no te interesa continuar la relación con ellas. En general, las cualidades interiores más positivas de un individuo no se manifiestan de forma inmediata. Las vibraciones que sentimos cuando conocemos a alguien por primera vez no pueden servirnos para evaluar una relación futura. Algunas de las mejores parejas iniciaron su relación cuando a ninguno de los dos le gustaba la otra persona, y muchas amistades se convierten en prósperas relaciones de amor. El amor necesita tiempo para crecer.

Cuando empieces a descubrir características importantes, compáralas con los atributos que son prioritarios para ti. La pareja adecuada debería poseer las cualidades positivas que tú consideres más importantes y las cualidades negativas —porque todo el mundo tiene algunas— que consideres menos importantes. No te conformes con menos de lo que deseas, pero sé realista con respecto a lo que puedes conseguir.

A pesar que que las relaciones sólidas se basen en tener cosas en común, es inútil buscar a alguien que comparta todos los aspectos de tu personalidad. Esperando que tu pareja sea capaz de satisfacer todas tus necesidades sólo conseguirás abrumarla y destruir vuestra relación. Muchos de nosotros tenemos diferentes tipos de amigos que satisfacen nuestros intereses más variados: amigos para jugar al tenis, amigos para ir al fútbol y amigos íntimos en quienes confiamos, por ejemplo. Y no esperamos ni necesitamos que los amigos con quienes jugamos al tenis sean nuestros confidentes, por ejemplo. Sin embargo con frecuencia exigimos que nuestra pareja comparta todas nuestras aficiones y necesidades aunque, si somos realistas, comprenderemos que nadie puede hacerlo.

La persona carismática construye un efectivo sistema de apoyo: una red de relaciones con amigos y familiares que completan las necesidades no satisfechas por la pareja. De este modo se elimina la necesidad de encontrar a la pareja «perfecta».

Existe alguien para todo el mundo. Observa a las parejas estables y verás a individuos de todas las formas y tamaños posibles comprometidos y entregados a una relación. Merece la pena ser perseverante.

Aumenta tus contactos sociales y toma la iniciativa.

Los expertos en comportamiento social afirman que debemos conocer entre setenta y cinco y ciento veinticinco personas para poder encontrar a un individuo que sea realmente compatible con nosotros. Para poder considerar que conocemos a una persona, debemos saber suficientes cosas sobre ella para decidir si podríamos ser compatibles o no. Los saludos breves y las conversaciones intrascendentes se consideran insuficientes.

Una persona con una habilidad social de baja a moderada puede necesitar dos años o más para conocer a esa persona especial porque no aprovecha todas las oportunidades de la vida diaria para conocer a gente y le resulta difícil establecer una relación más profunda con sus conocidos. El caso de las personas carismáticas es muy diferente, porque se esfuerzan por estar con los demás y suelen hablar y visitar a muchas personas a lo largo del día. A estas personas les resulta mucho más fácil convertir los encuentros breves en el nacimiento de nuevas amistades.

Aunque atraen a los demás, las personas carismáticas no esperan que alguien dé el primer paso. Ellos deciden a quién desean conocer y asumen la responsabilidad de hacer que ocurra. Las personas que esperan que los demás den el primer paso se arriesgan a conocer solamente a aquellos individuos que no les interesan y perder la oportunidad de conocer a buenos candidatos que, a su vez, también se resisten a dar el primer paso. Elige en lugar de esperar a ser elegido.

Muchos lugares que frecuentamos a diario son excelentes para conocer a posibles parejas, como por ejemplo la lavandería o el supermercado. Uno de los mejores lugares es una cola. Cuando veas una cola, únete a ella. Busca a alguien que te parezca interesante delante o detrás de ti e inicia una conversación. La gente que está esperando suele participar fácilmente en una conversación. Por esta razón, las salas de espera y cualquier otro lugar donde la gente se aburra y disponga de tiempo son emplazamientos especialmente buenos.

Además de aprovechar las ocasiones inesperadas, es importante buscar la oportunidad de conocer a alguien. Recuerda: cuanta más gente conozcas, más pronto conocerás a la persona adecuada. Desarrollar el hábito de relacionarse con los demás es la mejor cura contra la soledad.

Acude a los lugares donde se reúna gente. Los mejores son aquellos frecuentados por personas con los mismos intereses que tú, como por ejemplo asociaciones deportivas, centros de informática o exposiciones. Las subastas, las ferias comerciales y los cursos ofrecen la oportunidad de conocer a personas con los mismos gustos y aficiones que tú. Tanto si estás dentro de una habitación como en plena montaña, seguramente hay personas que piensan como tú que han planeado actividades en las que te gustaría participar. Aprovecha la oportunidad de hacer lo que te gusta mientras conoces a otras personas que comparten tus gustos, pero participa con la intención de pasarlo bien, no de conocer a alguien especial. Si no conoces a nadie, seguirás disfrutando de la actividad que has elegido mientras aumentas tus conocimientos y desarrollas tu capacidad de relacionarte con los demás.

Cuando hayas aumentado el número de oportunidades de estar con otras personas, el nuevo objetivo será establecer relaciones. Impone la norma de formular o aceptar una invitación a la semana como mínimo. Si nadie te invita, invita tú a alguien. No hagas excepciones.

Mantén una actitud positiva con respecto a las citas.

Muchas personas piensan que una cita es una desagradable prueba que debe superarse para encontrar el amor de su vida. Es preferible ver las citas como objetivos en sí porque proporcionan valiosas oportunidades de conocer a diferentes personas.

Pasarlo bien con una persona que no cumple todos los requisitos de tu pareja ideal es una lección de saber vivir, de aprovechar al máximo todas las oportunidades. Y normalmente es preferible a permanecer sentado en casa esperando al señor Perfecto o la señora Perfecta. Incluso es posible que conozcas a tu pareja ideal durante una cita con otra persona.

CARISMA APLICADO: MANTENER VIVA LA LLAMA DEL AMOR

¿Te has planteado alguna vez si el tipo de amor con el que siempre has soñado es realmente posible? ¿Si la pasión del nuevo amor deja paso inevitablemente a la comodidad y desemboca en aburrimiento? No tiene por qué ser así. Existen muchas personas que disfrutan del amor que tú anhelas. Tal vez conoces a alguna de estas parejas que llevan muchos años juntos y siguen estando muy enamorados. Se puede notar fácilmente la química que existe entre ellos cuando se miran. Estas personas no encontraron a la pareja perfecta y desde entonces vivieron siempre felices por casualidad, sino que aprendieron a sacar el mayor partido posible de su relación e hicieron lo necesario para que siguiera siendo especial. Son una prueba viviente de que el amor verdadero y duradero puede ser una realidad. ¿Cuál es su secreto? Han llegado a dominar la habilidad de amar, habilidad que raramente nos enseñan mientras crecemos. Afortunadamente, podemos aprenderla por nosotros mismos.

Las personas carismáticas que persiguen el éxito personal y social también luchan activamente para conseguirlo en sus relaciones. No comprometen sus sueños de amor canjeando pasión por seguridad, espontaneidad por estabilidad ni euforia por tranquilidad. Quieren que la pasión del amor alimente sus vidas al igual que su pasión por la vida alimenta sus amores. Estas personas no aceptan una vida de «desesperación en silencio» como otros individuos que permanecen atrapados en relaciones de amor que no les satisfacen plenamente.

Para estos individuos, el amor duradero y apasionado no es más que un sueño imposible. Esto es especialmente cierto en casos de personas que sólo han experimentado el placer y la pasión de vivir después de romper una relación prolongada. La pérdida de sentimientos de amor es un complejo problema que puede deberse a varias causas diferentes. El primer paso para preservar el amor apasionado es reconocer las principales causas de su posible destrucción.

Falta de conocimiento o no aceptación de la pareja.

La incapacidad de aceptar quién es realmente la pareja, cuando la relación ya ha evolucionado desde la etapa romántica hasta la etapa de conocimiento profundo mutuo, es bastante habitual. El elevado número de personas que se divorcian aproximadamente después de cinco años de matrimonio (y muchas otras que desearían hacerlo) experimentan una pérdida del amor como resultado de no haber llegado a conocer jamás a su pareja o ser incapaces de aceptar a la persona que descubren.

Los hombres se enamoran con mayor rapidez que las mujeres, con frecuencia estimulados por atributos superficiales (normalmente físicos), y también se comprometen con mayor rapidez que las mujeres, ya que éstas suelen tomarse algún tiempo para evaluar a la posible pareja antes de involucrarse realmente en una relación.

Desgraciadamente, muchas relaciones de amor se basan en ilusiones y se ven invadidas por expectativas y exigencias. Giran alrededor de sentimientos de propiedad, obligaciones y condiciones que limitan la libertad individual y asfixian el amor.

Cuando ya conocemos y aceptamos a la pareja, debemos amarla incondicionalmente para que el amor pueda prosperar. Esto significa abandonar la actitud evaluadora que en el pasado nos ayudó a elegir a la pareja y aceptar y amar a la persona tal como es, con sus virtudes y sus defectos.

Reprimir los sentimientos. Si nos negamos a aceptar quiénes somos o quién es realmente la pareja, perdemos la capacidad de experimentar emociones positivas. El amor no es la única víctima. La pasión desaparece de todos los ámbitos de nuestra vida, y con ella también perdemos la alegría, el entusiasmo y la espontaneidad. En consecuencia, nuestro potencial carismático también desparece bajo la capa de ira no superada que inevitablemente se crea al negar y reprimir sentimientos. Al enterrar nuestras emociones también conseguiremos empobrecer nuestros sentidos y llegaremos a ser insensibles ante la vida. El individuo permanecerá atrapado en esta desagradable situación emocional hasta que afronte la acumulación de sentimientos negativos reprimidos. Las parejas que tienen grandes peleas por pequeñas cosas son víctimas de la ira reprimida y no comunicada. La incapacidad de reconocer y expresar estos sentimientos negativos forja el triste destino de la relación. Cuando un miembro de la pareja se convierte en la víctima expiatoria de los problemas del otro miembro, el creciente resentimiento acaba por destruir el amor. Ningún amor es suficientemente fuerte para soportar que alguien lo utilice como vertedero donde descargar sus frustraciones, sus insatisfacciones y su rabia contra sí mismo, situaciones o circunstancias de la vida, o contra sus decepciones del pasado.

Para mantener viva la llama del amor, es necesario prestar atención a los conflictos y resolverlos y compartir las insatisfacciones con la pareja. Hace muchos años, mi madre me dio un excelente consejo: nunca te acuestes enfadada. Afronta todo lo que te entristezca para que puedas empezar cada nuevo día con amor.

Incapacidad de alimentar los sentimientos de amor.

Con frecuencia, uno de los mayores miedos de las parejas que no viven juntas se convierte en realidad: temen que al comprometerse, especialmente a través del matrimonio, la pasión se convierta en interés y, finalmente, en desinterés. La monotonía de la vida cotidiana y el hecho de compartir el mismo espacio físico puede apagar la llama del amor, pero sólo si ambos lo permiten. La vida en común puede fomentar el aburrimiento e impedir el progreso de la relación a menos que se alimenten los sentimientos de amor. Una relación es un proceso vivo que requiere atención. Es absolutamente necesario alimentarlo para que pueda sobrevivir.

LOS NUTRIENTES DEL AMOR: LA SUSTANCIA DEL CARISMA

¿Has observado alguna vez con qué facilidad el amor puede pasar de ser muy intenso a ser prácticamente inexistente y después volver a intensificarse como si tuviera vida propia? No debes sucumbir ante los caprichos del amor. Nuestra forma de pensar, sentir y hablar produce, mantiene y aumenta o disminuye nuestras emociones, y lo mismo ocurre con el amor. Tú tienes el poder de crear, conservar e intensificar el amor y puedes utilizarlo como desees.

Uno de los objetivos más importantes en una relación es hacer crecer el amor, y con ello conseguiremos sacar a relucir todas nuestras cualidades inexploradas. Cuando alimentamos el amor, también alimentamos nuestra vitalidad y capacidad personales.

Piensa con amor.

Al igual que concentrarnos en los aspectos más positivos, apasionantes y gratificantes de la vida puede intensificar nuestra experiencia de vivir, concentrarnos en los aspectos más positivos, apasionantes y gratificantes del amor también puede intensificar nuestra experiencia de amar. Lo que sentimos acerca de una relación de amor depende de nuestro punto de vista. Cuando el amor alcanza su punto álgido y estamos en éxtasis, nos vemos a nosotros, a nuestra pareja y al mundo entero como fantásticos y maravillosos. En estos momentos no experimentamos sentimientos negativos.

Para que nuestros sentimientos de amor alcancen y mantengan un elevado nivel, es imprescindible concentrarse en las virtudes de la pareja y en el valor de la relación. Cuando pienses en tu pareja, recuerda sus cualidades positivas, los atributos que te hicieron enamorar de esa persona. Recuerda hábitos y detalles puntuales, buenas experiencias que habéis compartido, e imagina futuras vivencias que has planeado o desearías experimentar. Recuerda que tus sentimientos son el resultado de lo que piensas. El amor es una fuente natural de sentimientos positivos hacia una persona. Si te concentras en las cuestiones poco deseables de tu pareja, en los momentos que habéis tenido problemas o en los planes fracasados, comprobarás que tu amor disminuye.

Mira con amor.

Observa a tu pareja mientras esté enfrascada en alguna actividad, fijándote en esa expresión facial que tanto te gusta o en sus rasgos físicos más atractivos.

Para conservar el amor por una persona cansada y tumbada en el sofá mirando la televisión, es necesario alimentar ese amor observándola mientras desempeña otros papeles positivos, aparte del de ser tu pareja.

El respeto y el reconocimiento por sus cualidades y habilidades alimenta el amor. Busca la oportunidad de ver a tu pareja mientras realice algún trabajo o alguna actividad lúdica donde sus cualidades destaquen de forma especial. Si admiras a tu pareja, alimentarás el amor que sientes por ella.

Siente con amor.

Al igual que puedes aprender a sentirte más feliz, también puedes aprender a sentir más amor. Fíjate deliberadamente y memoriza la sensación de amor intenso e intenta reproducirla cuando lo desees. Cuando consigas hacerlo, puedes utilizar este recurso para exagerar sentimientos de amor espontáneos y producirlos cuando decaiga el amor.

Habla con amor.

Existe una ley psicológica que afirma que todos los sentimientos que se verbalizan ganan intensidad. El hecho de expresar amor y reconocimiento por tu pareja intensifica la experiencia de ese sentimiento y es vital para conservar la buena salud de la relación. Todo el mundo quiere sentirse especial, sobre todo en el amor. No te limites a pensar que tu pareja es una persona fantástica, díselo. Cuando te sientas orgullosa de ella o te guste especialmente algo que haya dicho o hecho, exprésalo y házselo saber.

Cuando una persona no consigue satisfacer sus necesidades, es probable que nazca un intenso resentimiento, que es capaz de destruir el amor. Cuando un miembro de la pareja satisface las necesidades del otro miembro, se reforzará el amor que existe entre ambos. Pero una persona no puede leer la mente de su pareja para descubrir qué necesita y cuáles son sus deseos. Pide lo que quieres. Muchos amores se han extinguido porque uno o ambos miembros de la pareja no lo hicieron.

Muestra y comparte libremente tu verdadera personalidad y esfuérzate por conocer la verdadera personalidad de tu pareja. El hecho de ser compañeros espirituales satisface tres de las necesidades más urgentes del ser humano: ser conocido, comprendido y aceptado por otro ser humano. Las relaciones basadas en este vínculo interior son fuertes, intensas y resistentes a las presiones externas.

Actúa con amor.

El comportamiento impulsado por el amor que resulta tan natural al principio de estar enamorados suele ser menos frecuente o deja de existir en las relaciones de larga duración. El amor nuevo se expresa mientras que, en muchos casos, el amor viejo se da por sentado. El precio de esta actitud es una pérdida de intensidad en la relación y una disminución del amor. Una persona no sólo debe sentirse especial cuando el amor es nuevo. La expresión de la admiración y el amor que sentimos por otra persona deben perpetuarse indefinidamente.

Mostrando un comportamiento impulsado por el amor hacia la pareja no sólo intensificaremos su amor, sino también el nuestro. Del mismo modo que el hecho de actuar como si estuviéramos seguros de nosotros mismos nos ayudará a sentirnos realmente más seguros, el hecho de actuar como si estuviéramos enamorados intensificará el amor que sentimos. Cuando el amor pierde intensidad, simular que todavía es muy intenso puede ayudarnos a recuperarlo. Y cuando existe pero es muy débil, puede reforzarlo.

¿Cómo puedes actuar con amor? Empieza poniendo en práctica el rasgo carismático de prestar atención al amor haciendo pequeñas cosas que lo hagan crecer. Por ejemplo, puedes dejar una nota cariñosa en la almohada de tu pareja, junto al teléfono, el plato, el bolso, la cartera o en el coche.

Cómprale un regalo cuando no celebréis nada especial, simplemente porque te apetece recordarle que le quieres. Mándale una postal a su casa o a la oficina (indica «confidencial» en el sobre para asegurarte de que lo sea).

Combina las notas de amor con otras que expresen tu deseo de vivir (dibujos divertidos o pensamientos alegres y optimistas). Las caras sonrientes son especialmente efectivas en las servilletas de papel y el espejo del baño, porque ayudarán a tu pareja a empezar el día con buen humor.

Llámale por teléfono simplemente para decirle: «Te quiero», «Te echo de menos» o «Pienso en ti».

El contacto físico es otro comportamiento cariñoso muy evidente en las relaciones nuevas y que disminuye cuando la relación ya es más antigua. La calidez del contacto físico con la pareja intensifica el amor, sin embargo, con el paso del tiempo, el contacto físico es cada vez menos frecuente tanto en lugares públicos como privados.

Toca ligeramente el hombro de tu pareja mientras andáis o dale la mano. Los abrazos y besos que no se utilizan como invitaciones sexuales no verbales son expresiones de cariño y ternura muy valoradas.

Comportarse con amor también incluye buscar tiempo para divertiros juntos, hacer planes, establecer objetivos y trabajar en proyectos de interés común. Una pareja puede crecer junta o por separado. Los consejeros matrimoniales afirman que la falta de tiempo libre compartido es una de las principales causas que provocan problemas en una relación. Existe un principio psicológico que afirma que los demás te asociarán con lo que experimenten contigo. Tanto puede ser diversión y alegría como obligaciones y presiones de la vida cotidiana.

La elección está en tus manos.

CARISMA EN EL DORMITORIO: MANTENER LA PASIÓN

Las personas carismáticas ven el sexo del mismo modo que ven la vida: libremente, con confianza y entusiasmo. Y también disfrutan el sexo igual que disfrutan la vida, concentrándose en pasarlo bien durante el proceso más que preocuparse exclusivamente por conseguir un resultado final. Nadie está tan bien capacitado para disfrutar del sexo como una persona carismática. Para estas personas, maximizar el placer es algo natural. Su tendencia a quedar atrapadas en el placer del momento les desvía de otros aspectos de su vida para dedicarse a la actividad sexual. El hecho de concentrarse en sensaciones placenteras, una de las bases de la terapia sexual, es una función espontánea y cotidiana para las personas carismáticas. Su pasión por la vida se extiende a su sexualidad. Además, estos individuos suelen expresar abiertamente sus emociones en lugar de reprimirlas (a causa del miedo o la culpa) como hacen algunas personas cuando participan en una actividad sexual. Los individuos carismáticos llevan su naturaleza espontánea, aventurera y amante de la diversión a la cama. Su elevado grado de autoestima les permite sentirse cómodos cuando se quitan todas las máscaras y muestran orgullosamente su verdadera personalidad interior, la fuente de su poder carismático. Su increíble capacidad para dar y recibir amor, su sensibilidad y capacidad de responder a las necesidades de los demás, su naturaleza cariñosa y su habilidad para comunicarse contribuyen a alcanzar la plenitud que los individuos carismáticos pueden obtener a partir de su vida sexual.

Cuando trabajes en tu Programa de Desarrollo del Carisma, te liberes de sus antiguas inhibiciones y restricciones y ganes confianza en ti mismo, experimentarás el sexo como

235

una actividad natural que te permite sentirte vivo, un placer que mereces, la máxima expresión de ti mismo, de tu vida y de tu amor por otra persona.

CLAVES PARA DISFRUTAR DEL SEXO

Para alcanzar la plenitud sexual, es necesario tener en cuenta los siguientes puntos:

Conocerte: saber qué te excita, cuáles son tus preferencias sexuales y qué necesitas para alcanzar el orgasmo. También saber qué no te gusta y te hace perder la excitación.

Aceptarte: creer que eres una persona que merece sentir placer. Saber que tus preferencias y respuestas sexuales son exclusivamente tuyas y sentir que son aceptables. Aceptar tu cuerpo y amarlo y tener suficiente autoestima para liberarte de cualquier máscara y mostrar tu verdadera personalidad a tu pareja.

Aceptar la actividad sexual como positiva: creer que el sexo es una expresión natural de la naturaleza humana, un bello y valioso regalo de la naturaleza que debemos disfrutar.

Concentrarte: ser capaz de intensificar las sensaciones placenteras concentrándote en ellas y visualizando lo que más te excite, sin distraerte con otros pensamientos o preocupaciones y liberándote de tus inhibiciones, timidez, culpa, miedos o ideas preconcebidas sobre «cómo debería ser».

Comunicarte: decir o mostrar lo que quieres porque, contrariamente a la creencia popular, por mucho que tu pareja te ame, es imposible que adivine qué prefieres en cada momento. Debes asumir la responsabilidad de tu propio placer, y los mejores amantes transmiten su placer a su pareja. Probablemente no exista nada tan estimulante como un amante apasionado, porque su pasión valida la masculinidad o feminidad de la pareja. La comunicación alimenta la llama de la pasión. Si no expresas tus sentimientos, corres el peligro de acumular ira reprimida, que puede impedirte vivir experiencias sexuales satisfactorias.

Una vida sexual plena representa una contribución especial e insustituible a la vida, completando el abanico de placeres de una persona y produciendo una sensación de bienestar que fomenta el poder carismático del individuo. El desarrollo de tus cualidades carismáticas te ayudará a profundizar tu experiencia de todos los aspectos de la vida, incluyendo la capacidad de disfrutar al máximo de tu sexualidad.

CAPÍTULO 14

Cómo ser un vencedor en el trabajo: carisma, ventas, gerencia y éxito

El artículo más valioso del mercado es el carisma. Se halla en baja oferta y alta demanda: su futuro es prometedor y sus dividendos espectaculares.

La aplicación de los principios del carisma en el mundo de los negocios proporciona a un individuo ese empujón extra que puede conducirle a la cumbre del éxito. Quizás en ningún otro campo el carisma está más directamente relacionado con el éxito que en el mundo laboral, donde aquellas personas seguras de sí mismas, entusiastas, optimistas, orgullosas del trabajo bien hecho y con la capacidad de obtener lo mejor de los demás alcanzan rápidamente las primeras posiciones en cualquier campo.

EL PRODUCTO ERES TÚ

Todos nos vendemos a nosotros mismos constantemente: nuestras ideas y ambiciones, deseos y necesidades, habilidades y experiencia, productos y servicios. La esposa que insinúa que le gustaría ver una película, una persona que pide

239

una cita a otra, un individuo en una entrevista de trabajo, un empleado pidiendo un aumento de sueldo a su jefe, todos están vendiendo igual que una persona que venda electrodomésticos, material de oficina o servicios médicos o legales. Independientemente de lo que estemos vendiendo en un determinado momento, el producto básico somos nosotros mismos.

¿Qué determina quién tendrá más éxito en la venta? Los mismos rasgos carismáticos que hacen que una persona tenga éxito en su vida personal también le harán tener éxito en la vida profesional. Su actitud, sus gestos, su aspecto y su modo de ver las cosas influirán en su capacidad de persuadir, convencer y ganarse a los demás.

EL AUTÉNTICO SECRETO DEL ÉXITO

Las agencias de publicidad no devuelven la llamada a clientes importantes. Los escritores a quienes se les ofrece la oportunidad de publicar nunca llegan a entregar el manuscrito. Los pedidos se entregan después de la fecha acordada, si es que llegan, y los repartidores son incapaces de decirte cuándo vendrán (cuando finalmente vienen, la mercancía es defectuosa o no es lo que habías pedido). Los taxistas preguntan cómo llegar a una determinada dirección. Los dependientes te dicen: «Si no está en la estantería, es que no hay.» Los aparatos averiados se devuelven sin reparar o funcionan peor que antes. Las oficinas están llenas de empleados que escuchan la radio y se lamentan: «¿Quién puede soportar trabajar todo el día?» La enfermera no te dice hasta que llegas a la consulta que jamás recibieron los resultados de tu análisis de sangre y tus radiografías del laboratorio. Y las quejas por mal servicio se contestan con vagas excusas o incluso mala educación.

240

Tal vez sea de locos esperar que las cosas se hagan como es debido. La ineficiencia y la falta de interés parecen ser el menú de cada día. Todos los empresarios se lamentan de lo mismo: «¡Hoy en día es tan difícil encontrar ayuda competente!» Y, en general, esto resulta ser cierto. Muchos aspirantes a ocupar un puesto exigen sueldos elevados y esperan recibir muchas ventajas por trabajar en una empresa, sin embargo pocos ofrecen un trabajo de calidad a cambio. Con demasiada frecuencia, el trabajo mediocre se paga con una compensación excelente.

La buena noticia es que esta actitud indiferente y descuidada que predomina en el mundo laboral proporciona fabulosas oportunidades a las personas eficientes, competentes y deseosas de trabajar que dan lo mejor de sí mismos y se enorgullecen del trabajo bien hecho. Si además mantienen una actitud positiva y la transmiten con energía y entusiasmo, causarán una impresión muy positiva en los demás acerca de su personalidad y lo que pueden ofrecer. Esta actitud transmite la confianza tan necesaria en ventas de productos y servicios, y hace que los demás crean en su eficiencia y competencia. Les ayudará a obtener empleos, conservarlos y ascender. Y también les ayudará a conseguir clientes y conservar su lealtad.

Estos individuos tan deseables como escasos son muy buscados, valorados y recompensados. Ellos pueden atravesar puertas que para otros están cerradas. En realidad existe muy poca competencia entre las personas que sobresalen en el mundo de los negocios, porque suelen conseguir lo que desean. Ningún mercado está demasiado saturado para ellas. Los puestos de categoría baja-media pueden están ocupados por personas menos motivadas, menos enérgicas, menos diligentes y menos capaces de venderse a sí mismas, pero en los puestos más elevados casi siempre hay lugar para personas que aprovechan al máximo sus cualidades y creatividad y se dedican en cuerpo y alma al trabajo que les gusta.

Charles Lazarus, fundador y presidente de la empresa Toy's "R" Us, Inc., una de las empresas dedicada a la venta de juguetes más importante del mundo, considera que su ventaja más importante con respecto a sus competidores es que le gusta lo que hace todos los días. No es simplemente una forma de alcanzar un objetivo.

La diseñadora de moda Holly Harp, que impulsó una tienda de moda en Hollywood llamada Holly's Harp que produce 750.000 dólares al año, define el éxito como la capacidad de disfrutar y entusiasmarte con lo que haces. Esta diseñadora compara su trabajo con una niña que juega con barro.

El genio de los ordenadores Stephen Wozniak también considera que su trabajo es como un juego. Dedicó cientos de noches a hacer lo que le gustaba: diseñar el ordenador que realmente quería. El resultado fueron los ordenadores Apple, que le produjeron unos dividendos de 50 millones de dólares.

Las lista de ganadores que ven su trabajo como un juego es interminable. Para estas personas, trabajar mucho es sinónimo de jugar mucho. Hacen lo que hacen por la satisfacción que les produce. Las recompensas económicas son simplemente el resultado de una partida bien jugada.

El éxito suele ser el resultado de aprovechar las oportunidades que tú mismo te creas. La buenas suerte que tanto deseas puede materializarse cuando consideras tu trabajo con un enfoque carismático.

¿QUÉ SE NECESITA PARA SOBRESALIR EN VENTAS?

Vender es la base de cualquier negocio. Yo me di cuenta de ello por primera vez cuando vendía participaciones de lotería para ir de viaje con el colegio. Más tarde, cuando iba al instituto y vendía todo lo imaginable, incluyendo ropa de hombre, mujer y niño, utensilios domésticos, herramientas de bricolaje, objetos de regalo y decoración, libros y alimentos dietéticos, conocí a hombres y mujeres de negocios que no tenían ni la más remota idea de cómo maximizar las ventas, su única fuente de ingresos. Esto ocurría por igual tanto en el caso de propietarios de pequeñas tiendas y como en el de encargados de establecimientos de grandes cadenas comerciales.

Habiendo estado rodeada de vendedores desde que tengo uso de razón —desde mis días de infancia, cuando envolvía artículos para regalo en la tienda de mis padres, hasta mi vida adulta, con mi familia dedicada a las ventas—, siempre he sido consciente de los elementos que aumentan las ventas y los que las reducen.

Fui testigo de la transición de mi marido, que pasó de ser director de una cadena de tiendas a vendedor autónomo. En unos pocos años, Jerry se forjó una excelente reputación por ser uno de los vendedores más admirados, competentes y productivos en el sector de la moda femenina. En su negocio se obsequia a todos los clientes con el mismo trato cálido y la misma sonrisa de bienvenida, tanto si representan a una modesta tienda como a una cadena de establecimientos. Conoce sus intereses, sus preocupaciones y a muchas de sus familias. Les llama para preguntarles cómo están cuando sabe que pasan por momentos difíciles y se interesa por el estado de un hijo o una esposa enferma. Los nuevos clientes pronto tienen la sensación de que han pasado a formar parte de una gran familia.

La carismática personalidad de Jerry crea un agradable ambiente laboral que hace que trabajar con él siempre sea un placer. Jerry utiliza su experiencia y conocimientos para aconsejar a sus clientes que compren los artículos más adecuados para maximizar la rentabilidad de sus transacciones particulares. Y ellos saben que Jerry da prioridad a su amistad y lealtad por encima del valor del pedido. Gracias ello, cuando hace algunos años cambió de negocio, su contabilidad no experimentó prácticamente ningún cambio. Y más tarde, cuando incorporó una nueva línea de complementos a su negocio, consiguió triplicar las ventas durante el primer año, gracias a la confianza de sus clientes. La poderosa combinación de habilidad y una actitud positiva proporcionan una gran satisfacción a Jerry y a las empresas que representa.

Sabemos que un adulto con una sólida experiencia en ventas y una personalidad carismática puede tener éxito, ¿pero que posibilidades tiene una persona que nunca se ha dedicado a las ventas y tal vez aún no ha desarrollado toda su capacidad o ya hace tiempo que se dedica a las ventas pero no consigue obtener tan buenos resultados como desearía?

Mi hijo Robbie aprendió la respuesta a esa pregunta a los doce años, un día que llegó a casa mucho más temprano de lo habitual después de vender flores en una esquina del barrio. Durante un rato había observado cómo los coches se detenían en el semáforo en rojo y después reanudaban su marcha con indiferencia sin tan siquiera reparar en la presencia de Robbie, que se paseaba entre los coches con sus ramos de flores. Se aburría tanto que finalmente decidió jugar a mirar fijamente a los conductores y obsequiarles con una gran sonrisa. A todos aquellos que bajaban la ventanilla les decía: «Hermoso día para regalar un ramo de flores a alguien especial, ¿verdad?» En dos horas y media consiguió vender todas sus flores y casi dobló la cantidad en propinas con respecto al día anterior. Robbie aprendió rápidamente el valor de una actitud positiva y una gran sonrisa, al igual que la niña de trece años que batió un increíble récord y ganó el título de Exploradora Reina de las Galletas al vender 11.200 cajas de galletas —por valor de 25.000 dólares— en sólo dos meses. ¿Cómo lo consiguió? En primer lugar, trabajó diligentemente todos los días al salir de la escuela y los fines de semana. En segundo lugar, convencida de que podía superar el récord existente, nunca perdió de vista su objetivo. En tercer lugar, maximizó su contacto con compradores potenciales ofreciendo sus galletas en estaciones de metro y paradas de autobús en las horas punta.

En un artículo de Los Angeles Times, la pequeña máquina de vender explicó que su madre le había dicho: «Mírales a los ojos, dirígete a ellos personalmente y habla alto.» Y así lo hizo: le decía a los hombres que iban acompañados de mujeres: «¡Demuéstrele su amor! Compre galletas caseras», y a los militares: «¡Volad con galletas caseras!» o «Llevad unas cuantas a vuestros compañeros.» Y reaccionaba muy bien ante las excusas. Proclamaba en voz alta: «Desgravan impuestos. Aceptamos cheques.» Y cuando alguien sacaba el talonario le decía: «¿Por qué no compra una caja entera?» Si la gente le decía que no podría comérselas todas, ella replicaba: «Puede congelarlas.»

Así pues, incluso un niño que mantenga una actitud de ganador y emprenda su tarea con entusiasmo y habilidad puede obtener unos excelentes resultados de ventas.

CUATRO CLAVES PARA TENER ÉXITO EN VENTAS

Cuatro de los elementos más importantes para tener éxito en ventas son los siguientes:

1. Profundo conocimiento del producto.

Una persona que desconoce o tiene un conocimiento limitado de su producto tendrá problemas para presentarlo a un posible cliente. Es imprescindible que el vendedor sea capaz de mencionar todas las ventajas del producto, sus posibles aplicaciones, uso adecuado, limitaciones y posibles riesgos, si es que existe alguno. Cuando el cliente no dispone de esta información, suele mostrarse más reticente a comprar. Una persona necesita conocer bien un producto para saber si le interesa comprarlo o no.

2. Fe sincera en el producto y entusiasmo por el mismo.

Vende productos que consideres buenos y úsalos tú mismo. Prueba los productos de la competencia para compararlos con los tuyos, fijándote en sus ventajas e inconvenientes. Comprueba por ti mismo cuáles son las principales ventajas de tus artículos, de modo que cuando le digas a un cliente que tu producto es el más adecuado para sus necesidades, creas sinceramente que es verdad. Si vendes un quitamanchas que es el más eficaz de todos los que has probado, una crema facial que ha mejorado tanto tu imagen que tus amigos comentan el buen aspecto que tienes últimamente, o un aceite para el motor que ha mejorado el rendimiento de tu coche, tu entusiasmo por el producto conseguirá que los clientes confíen en las cualidades del producto que les ofreces.

3. Respuesta a las necesidades del cliente.

Por muy atractivo que sea tu producto, sólo conseguirás un buen número de ventas cuando los clientes se den cuenta de cómo mejorará su calidad de vida, les ayudará a sentirse mejor o tener más buen aspecto, facilitará una tarea o solucionará un determinado problema. El objetivo de un vendedor consiste en satisfacer las necesidades de sus clientes. Una persona carismática tiene gran facilidad por descubrir cuáles son esas necesidades. El trato cálido y abierto crea una atmósfera muy favorable para la expresión de los deseos y necesidades que impulsan a comprar. Se consigue motivar al cliente ayudándole a comprender que tu producto conseguirá satisfacer sus necesidades y lo hará de forma mejor, más fácil, más rápida y/o más barata que otros productos similares.

4. Actitud positiva, atenta y servicial hacia los clientes.

La gente reacciona negativamente cuando se da cuenta de que un vendedor se preocupa más por el importe de la venta que por satisfacer las necesidades del cliente, o que la transacción en general no les interesa en absoluto. En situaciones de este tipo, los clientes potenciales se muestran reticentes a comprar incluso aquel producto que parece ser justo lo que necesitan. A nadie le gusta recibir un trato impersonal ni sentirse engañado.

Cuando realmente estés convencido de que tu misión consiste en satisfacer las necesidades de tus clientes lo mejor posible, ellos se darán cuenta de tu sinceridad y tu preocupación por su bienestar y satisfacción. La mejor forma de asegurar una venta es dando motivos a tu cliente para que confíe en ti.

CARISMA EN LAS PROFESIONES DEL SECTOR DE SERVICIOS

Tal vez más que en cualquier otro tipo de profesiones, en el sector de los servicios es necesario tener la capacidad de inspirar confianza a los clientes para que éstos se sientan cómodos y seguros.

Un médico que atienda a sus pacientes con una actitud cálida y atenta conseguirá ganarse su confianza, mientras que muchos de sus compañeros altamente cualificados no lo conseguirán. Un médico no sólo puede aliviar el dolor físico, sino también prevenir preocupaciones y tensiones inmotivadas. Una pequeña dosis de atención y ternura puede ser un fantástico remedio para aliviar el nerviosismo. El médico que tanto nos gusta y recomendamos a familiares y amigos es el que dedica el tiempo y el esfuerzo necesarios a escucharnos y ofrecernos su comprensión, porque es consciente de que un buen médico debe atender las necesidades emocionales del paciente para determinar el diagnóstico correcto y el tratamiento más adecuado.

Esta actitud es igualmente necesaria en el caso de otras profesiones del sector de los servicios, como por ejemplo dentistas, abogados, contables, decoradores y peluqueros, quienes deben mostrarse atentos y comprensivos con sus clientes. El trabajo de los profesionales del sector de los servicios no se diferencia mucho del de los profesionales que comercializan productos y, básicamente, los principios del éxito son los mismos en ambos casos.

El carisma en pequeños negocios

¿Por qué un negocio prospera y otro se estanca cuando los servicios que ofrecen, los precios y la situación del establecimiento son prácticamente iguales? El sorprendido dueño de un taller mecánico me hizo esta pregunta no hace mucho. Su negocio estaba a punto de arruinarse, mientras que el taller situado enfrente, al otro lado de la calle, parecía tener más clientes de los que podía atender.

La respuesta es que a Leonard, el dueño del taller menos afortunado, no le gustaba el negocio de reparación de automóbiles ni tampoco le gustaban sus clientes. Su taller estaba emplazado en un barrio rico, y le disgustaba especialmente la actitud de sus clientas femeninas, a quienes consideraba «estiradas y antipáticas». Leonard no se esforzaba por ocultar sus sentimientos, y parecía como si les hiciera un favor reparando sus coches. Y cuando un cliente se quejaba ante la perspectiva de quedarse unos días sin coche, Leonard le preguntaba con impaciencia: «Bueno, ¿va a dejarlo o no?»

Por otra parte, todo el mundo simpatizaba con su atareado competidor, John. A éste le encantaba el trato con sus clientes y se esforzaba por recordar el nombre de cada uno de ellos. Les saludaba con una cautivadora sonrisa que parecía iluminar todo el taller. John se interesaba por los clientes, sus preocupaciones y sus necesidades. A menudo prestaba su propio coche a clientes que no podían prescindir del vehículo mientras John lo arreglaba. Los clientes estaban encantados con el trato que recibían y le consideraban como a un amigo a quien podían pedir ayuda. John había conseguido una amplia clientela porque todos sus clientes le recomendaban a sus amigos, y cada nuevo cliente llegaba a ser un cliente fiel que visitaba su taller una y otra vez. El boca a boca es increíblemente poderoso. No existe ninguna publicidad tan efectiva como la recomendación de un amigo.

Cuando se tienen en cuenta los principios carismáticos a la hora de dirigir un pequeño negocio, pueden obtenerse resultados sorprendentes. Mis padres, por ejemplo, eran dueños de una cadena de tiendas de moda femenina. Hace algunos años, cuando vendieron todas las tiendas excepto una, muchas clientas fieles (algunas compraban en las tiendas de mis padres desde hacía quince o treinta años) empezaron a recorrer largas distancias para comprar en la única tienda que quedaba. A pesar de que los artículos eran de excelente calidad, las clientas no seguían viniendo por este motivo, sino por el trato que recibían.

Las dependientas, conscientes de que las clientas confían en su experiencia, desarrollan y comparten su capacidad para combinar prendas y accesorios. Y siempre son sinceras a la hora de dar su opinión a las clientas, para que estén seguras de que compran ropa que les sienta bien. La política de la tienda exige que los empleados hagan lo necesario para satisfacer las necesidades de los clientes, a pesar de que a veces esto obligue a mis padres a realizar varios desplazamientos para localizar y conseguir un determinado artículo que alguien necesita con urgencia para un regalo, un viaje o una ocasión especial. De nuevo vemos que el buen trato para con los clientes se recompensa con creces.

¿Cómo es posible que una pequeña tienda de juguetes consiga superar la competencia de grandes almacenes y superficies comerciales? Existe una pequeña tienda de juguetes en un barrio de Los Angeles que se ha convertido en toda una institución y ha conseguido superar la dura competencia durante más de veinte años. Muchos clientes que antes compraban para sus hijos ahora compran para sus nietos. Los dueños atribuyen su éxito a un servicio personalizado y su amor por los niños.

Todos los niños que entran en la tienda reciben un cariñoso saludo de bienvenida. Los dependientes recuerdan el nombre, preferencias y antiguas compras de todas las personas que alguna vez han estado en la tienda. Los padres pueden dejar que sus hijos recorran la tienda solos porque saben que un dependiente les estará vigilando, responderá pacientemente a sus preguntas y les animará a elegir por sí mismos, nunca intentará influirles o presionarles.

Los dueños de la tienda han llegado a ser amigos de estos niños, que constituyen toda una generación. Han visto cómo sus pequeños clientes se convertían en adultos que todavía compran en la tienda que para ellos es tan especial y querida, porque representa un vínculo de unión con el pasado lleno de recuerdos y una oportunidad actual para crear nuevos recuerdos para el futuro.

El carisma en el terreno de las ventas ha mantenido y aumentado la rentabilidad de muchos negocios pequeños y ha convertido a otros en grandes gigantes.

EL ÉXITO DE PEQUEÑOS NEGOCIOS

¿Cómo puede un negocio pequeño e independiente competir con las grandes cadenas que, gracias a la distribución centralizada y el volumen de compras, pueden ofrecer precios más bajos y una mayor diversidad en la exposición de sus productos?

Lo consiguen siendo creativos, ofreciendo servicios especiales que sus competidores no pueden ofrecer y esforzándose por obsequiar a sus clientes con un trato personalizado. Crean un ambiente que hace que el cliente confíe en que sus necesidades serán satisfechas con eficacia, rapidez y amabilidad. Para conseguirlo es necesario que todo el personal conozca bien los productos de la tienda y disfrute de su trabajo. Nunca debe subestimarse el poder y la influencia de un saludo amable, una respuesta educada y un sincero «¡Vuelva pronto!» acompañado de una amplia sonrisa.

Los vendedores alegres, amables y eficientes consiguen que los clientes se sientan satisfechos, regresen a la tienda y la recomienden a sus conocidos. La consecución de una clientela fija que hace publicidad positiva es la base del buen funcionamiento de cualquier negocio. Cuidar a los clientes es como invertir: cuanto más se invierte, más beneficios se obtienen. La prioridad del dueño de un negocio no sólo debe ser enseñar y motivar a los dependientes para que vendan con eficiencia, sino crear un ambiente laboral adecuado donde se trate con respeto a cada empleado y éste tenga la oportunidad de expresar creativamente su individualidad y su evolución personal. En un ambiente de este tipo el carisma suele prosperar, y el negocio también.

CARISMA Y CADENAS DE TIENDAS

Las cadenas de tiendas de mayor éxito combinan lo mejor de ambos mundos: la fuerza y la experiencia de las grandes empresas con el servicio cálido y personalizado de los pequeños negocios. Los establecimientos de este tipo consiguen combinar estos elementos ofreciendo una amplia variedad de artículos y exponiéndolos de forma práctica y atractiva. El cliente no tiene ninguna dificultad para encontrar el artículo que más le interesa y mejor satisface sus necesidades.

Los vendedores conocen bien los productos del establecimiento y siempre están dispuestos a ayudar a los clientes. Aconsejan a los clientes, les indican dónde pueden encontrar lo que buscan o ellos mismos se lo muestran. Hacen un esfuerzo por recordar el nombre de los clientes más habituales, les llaman por teléfono cuando reciben un artículo que puede interesarles y se complacen en poder servir pedidos especiales. En una ocasión, la encargada del departamento de joyería de unos grandes almacenes de Los Angeles llamó a todos los dependientes para encontrar unos pendientes de un determinado estilo y color que yo deseaba. Al descubrir que no tenían nada parecido a lo que yo buscaba, contactó con varios mayoristas detallando las características de los pendientes que deseaba. Me llamó el día que habló con sus proveedores y también el día que recibió los pendientes. Existen pocos grandes almacenes que ofrezcan un servicio al cliente tan personalizado.

Nordstrom, una importante cadena de tiendas norteamericana, tiene un método muy especial para motivar a sus numerosos empleados y conseguir que éstos mantengan una actitud positiva hacia los clientes. Cuando se contrata a un nuevo empleado, éste recibe un paquete que contiene un gráfico de la estructura de la empresa. La pirámide invertida, que también puede observarse en las paredes de las zonas reservadas exclusivamente al personal de la empresa, muestra claramente que la relación cliente-vendedor es la principal prioridad de la empresa.

C L I E N T E S

VENDEDORES Y ASISTENTES DE VENTAS

ENCARGADOS DE DEPARTAMENTO

ENCARGADOS DE TIENDA
Y DE COMPRAS
DIRECTORES DE MARKETING

CONSEJO DE
ADMINISTRACIÓN

A pesar de que muchas empresen alaben este triángulo jerárquico, sólo unas pocas llegan a ponerlo en práctica.

Los empleados de Nordstrom cobran un sueldo más elevado que la media, lo cual sirve para atraer y conservar a personas eficientes y capacitadas. Continuamente se llevan a

253

cabo programas incentivos, las reprimendas y castigos prácticamente no existen y se celebran reuniones locales y regionales con frecuencia. Todas las ideas y propuestas de los empleados se consideran seriamente y se llevan a cabo en caso de ser convenientes. Cualquier persona negativa que consiga introducirse en la empresa es rápidamente despedida, manteniéndose así un ambiente laboral íntegramente positivo.

Los mismos elementos que convierten a la firma Nordstrom en una empresa de gran éxito también pueden hacer que tiendas individuales destaquen sobre el resto de establecimientos de la cadena, como por ejemplo consiguiendo un volumen de ventas superior a las demás tiendas.

En algunas ocasiones, la política unitaria de la firma puede provocar que todas las sucursales tengan la misma imagen. Algunas empresas incluso distribuyen semanalmente fotografías que deben reproducirse con todo detalle para que todas las tiendas sean prácticamente idénticas. En estos casos, ¿cómo es posible que una tienda destaque sobre las demás?

El entusiasmo es un elemento común en las tiendas más rentables. Cuando un gerente o encargado que posee entusiasmo sabe además cómo contagiarlo a los demás, el establecimiento será muy especial porque se notará que todos los empleados aman su trabajo y están ansiosos por ayudar a los clientes. Esta energía positiva aumenta increíblemente las ventas.

En algunas tiendas se llevan a cabo programas para ayudar a mantener este entusiasmo y el empleado puede expresar sus ideas y su personalidad en determinados aspectos libres de restricciones y controles impuestos por la empresa.

De nuevo, el carisma marca la diferencia entre la excelencia y la mediocridad.

CARISMA Y GRANDES NEGOCIOS.
LA POLÍTICA DIRECTIVA DE LOS GANADORES

La gente, más que cualquier otro factor, es lo que hace que un negocio tenga éxito o fracase. Puede ser su principal ventaja o su peor inconveniente. Por este motivo, el crecimiento, desarrollo y satisfacción de los empleados debería ser la primera prioridad de una empresa.

Muchas de las empresas de mayor éxito en el mundo han alcanzado su envidiable posición llevando a la cabo una política empresarial orientada a las personas, una política directiva de la que se habla mucho en los círculos empresariales pero se practica poco. Se trata de ayudar a los empleados a desarrollar todo su potencial por su propio bien y por el de la empresa. Esta filosofía asume que cada persona es especial y capaz de realizar una importante contribución. Responde a las necesidades de la persona para que ésta se sienta bien consigo misma y con lo que hace, y proporciona un ambiente de apoyo donde se ayuda y anima a cada individuo a crecer a nivel profesional y personal para que pueda llegar a ser feliz y sentirse realizado como ser humano. Se ha demostrado que esta política empresarial consigue obtener lo mejor de cada empleado y ponerlo al servicio de la empresa.

El hecho de practicar una política empresarial orientada a la gente ha permitido que la firma estadounidense Olga Company, una de las empresas del sector de la moda más prósperas del país, haya conseguido beneficios anuales récord durante la mayoría de sus cuarenta y cuatro años de existencia.

Jan Erteszek, presidente y director ejecutivo de Olga, considera que el concepto de «mano de obra alquilada» es obsoleto y ofensivo para la dignidad del individuo. En su opinión, la persona completa se convierte en un miembro más de la empresa y ésta debe satisfacer todas sus necesidades. Desde sus inicios, Erteszek ha puesto en práctica una estrategia denominada «aventura común», que potencia el trabajo en equipo y valora por igual el esfuerzo de cada empleado y su contribución al éxito de la empresa, sea cual sea su cargo. Se respeta, se escucha y se intenta solucionar los problemas de todos los miembros de la empresa.

En otras empresas con políticas orientadas a las personas, como por ejemplo 3M, Hewlett-Packard, Texas Instruments e IBM, se respeta a todos los empleados, se les considera una valiosa fuentes de ideas y se les reconoce como el origen del rendimiento y la calidad de producción.

Consciente de que una empresa se beneficia de conocer las habilidades y el talento creativo de todos sus empleados, el presidente y gerente de IBM Corporation anima a los empleados a esforzarse por superarse a sí mismos, a atreverse a dar el primer paso y adentrarse en terreno inexplorado. También se les proporciona una red de seguridad que amortigua los inevitables fallos cuando éstos se producen, de este modo los empleados tienen más de una oportunidad de demostrar que merece la pena creer en ellos.

Cuando a una persona se la considera capacitada, se esforzará por cumplir esta expectativa en beneficio de todos los que le rodean.

Cada vez existen más compañías que animan a sus empleados para que traduzcan sus cualidades individuales en beneficios para la empresa. Intel Corporation, empresa líder en el sector de la microelectrónica, aplica una política de dirección donde no existe ninguna estructura jerárquica. Esto significa que no existen las barreras de comunicación inherentes a toda jerarquía. Las decisiones no las toma una sola persona, sino un grupo de tres directivos. Los empleados pueden tener varios superiores y/o depender de comités que supervisan diferentes funciones de la empresa. Se trata por igual a todos los empleados sin excepción y se les anima a participar en discusiones e intercambiar ideas con sus superiores. El ambiente de trabajo es informal con respecto al vestuario y el aspecto físico. En lugar de utilizar oficinas tradicionales, en Intel el espacio de trabajo está dividido por tabiques separadores de un metro y medio de alto aproximadamente. Se hace todo lo posible por evitar cualquier rasgo visible que indique categoría. En un ambiente laboral como éste, se eliminan los obstáculos que impiden la interacción carismática de todos los individuos.

Muchos empresarios están aplicando principios carismáticos. El aumento de la preocupación por el bienestar de los empleados ha impulsado a PepsiCo, Exxon, Xerox, Chase Manhattan y Mobil Oil, entre otras quinientas empresas más, a crear centros donde se ofrecen completos programas de salud física.

Los empresarios son cada vez más conscientes de la necesidad de nuevas políticas laborales, y la antigua jerarquía corporativa está dando paso a una nueva estructura lateral que se beneficia de la aportación de todos los miembros de la empresa.

A pesar de que muchas empresas se adscriben a determinados aspectos de una filosofía empresarial orientada a las personas, pocas personas la aplican totalmente o la defienden con tanta pasión como Mary Kay Ash, fundadora y directora de Mary Kay Cosmetics. Esta destacada empresa, con un volumen de negocios de trescientos millones de dólares al año y más de dos mil representantes, es famosa en todo el mundo por su política empresarial orientada a las personas.

La filosofía directiva de Mary Kay se basa en la siguiente regla de oro: «Haz a los demás lo que desearías que te hicieran a ti.» Las necesidades, los deseos, los sentimientos y la felicidad de sus empleados son su primera prioridad. Mary Kay piensa que las letras G y A no sólo significan ganar y arruinarse: también significan gente y amor.

Cuando fundó la empresa, el sueño de Mary Kay era enriquecer la vida de todas las personas que trabajaban para ella, tanto emocional y espiritualmente como económicamente. Profesa una jerarquía de prioridades para sus empleados: primero Dios, segundo la familia y tercero el trabajo. Cuando la gente vive de acuerdo con un sistema de valores personal y bien definido que fomenta la fe y el compañerismo, y cuando disfruta de una situación familiar estable y satisfactoria, su vida profesional mejora porque puede invertir todas sus energías en el trabajo.

En la sede de Mary Kay en Tejas no existen salas de descanso ni restaurantes especiales para los directivos. Todos los empleados tienen acceso directo a los altos mandos lo cual, en cualquier empresa, es fundamental para el buen funcionamiento de la compañía. Se respira un ambiente amigable y relajado. No hay placas en las puertas de los directivos y a todos se les llama por el nombre de pila.

La empresa Mary Kay es como una gran familia y se espera que todos los miembros de esa familia ayuden a los demás a crecer y prosperar. De hecho, todos los empleados deben hacerlo para poder evolucionar dentro de la empresa. A los empleados de Mary Kay no sólo se les da la oportunidad de alcanzar el éxito, sino que se les enseña y ayuda a conseguirlo.

El trabajo bien hecho se reconoce, se aprecia y se valora, y además se recompensa generosamente. Todos los años se celebran unas jornadas con gran pompa y ceremonia y una gran asistencia de público durante las cuales se premia a los empleados más destacados con Cadillacs de color rosa, abrigos de visón, joyas con diamantes y fabulosos viajes alrededor del mundo en primera clase que incluyen estancias en lujosos hoteles y desplazamientos en limusina. Todo lo que hace la empresa es de primera clase, haciendo que los empleados se sientan importantes: les ayuda a ser positivos y tener seguridad en sí mismos, lo cual beneficia al individuo en general y le motiva a esforzarse por alcanzar el éxito profesional.

CARISMA E IMAGEN DIRECTIVA

Una empresa desarrolla una imagen que refleja los rasgos característicos de su gerente. Su actitud, aspecto físico y ética laboral se extienden a todas las categorías y determinan el entorno laboral. Un gerente justo, competente y dinámico que también sea agradable, positivo y entusiasta suele dirigir a un equipo de personas eficientes, amantes del trabajo, leales y de gran vitalidad. Una persona así obtiene lo mejor de sus empleados, porque todos los dirigentes demuestran con su ejemplo lo que desean y lo que no.

Durante la crisis de la empresa Chrysler, el director, Lee Iaccoca, demostró una actitud positiva y se entregó totalmente a la empresa para asegurar su supervivencia. Gracias a sus estrategias creativas, consiguió que todos los empleados le siguieran convencidos como si fueran ejércitos siguiendo al general Patton. Dispuestos a permanecer a su lado hasta el final, el equipo de Iaccoca soportó recortes salariales, degradaciones y la preocupación por un futuro incierto, pero siguió luchando para salvar la empresa. El absentismo se redujo a la mitad y un nuevo espíritu de lucha reemplazó lo que había sido pasiva indiferencia. Consiguió la ayuda y la lealtad de los representantes de la firma escuchando sus reivindicaciones y animándoles a unirse al equipo que se esforzaba por salvar Chrysler. Su carisma en los anuncios publicitarios televisivos hizo que su nombre fuera conocido en todos los hogares de los Estados Unidos y le permitió obtener el apoyo público que buscaba. Incluso famosos como Frank Sinatra, Bob Hope, Bill Cosby y Pearl Bailey respondieron a la llamada y dedicaron su tiempo y esfuerzo en favor de la causa.

Predicando siempre con el ejemplo, Iacocca nunca esperó que sus empleados hicieran nada que él mismo no haría. Sólo les pidió que se entregaran totalmente después de que él hubiera adquirido un compromiso total. Redujo su salario anual a un dólar antes de recortar el de sus empleados. Y exigió lealtad incondicional, pero él también la ofrecía.

Aunque normalmente se le considera un hombre duro e inflexible, algunas personas que han trabajado con Iacocca durante más de treinta y cinco años lo describen como una persona sensible que se esconde bajo esa máscara externa de dureza. Afirman que es muy amable, agradable y atento, posee una gran inteligencia y sabe tratar a la gente. Siempre ve el aspecto positivo de los contratiempos y tiene la habilidad de detectar una necesidad y atenderla mucho antes de los que los demás se den cuenta de que existe. Iacocca es un orador fascinante que ha utilizado su carisma para conseguir lo que muchos consideraban imposible: salvar la empresa Chrysler.

Contrariamente a las creencias populares, las «buenas personas» no siempre fracasan en los negocios. Algunos de los directivos de mayor éxito son personas carismáticas que combinan su fuerza de carácter y su dinamismo con amabilidad y suavizan su empeño y determinación con sensibilidad. Estas cualidades sirven para conducir sus empresas hasta cimas insospechadas.

Un ejemplo excelente de una directiva carismática es Mary Kay Ash, que prácticamente se ha convertido en una institución querida y respetada. Recientemente se celebró en Los Angeles una conferencia sobre las mujeres en el mundo de los negocios, y Mary Kay fue una de los ponentes que hablaron ante un público formado por dos mil mujeres. Todas le aplaudieron con entusiasmo. Después de su ponencia, muchas corrieron hacia ella para experimentar la emoción de darle la mano o conseguir un autógrafo.

¿Por qué todo el mundo adora y respeta tanto a Mary Kay? Siempre tiene una sonrisa para cualquier persona. Se preocupa por sus empleados independientemente de su cargo en la empresa. Les infunde esperanza para convertir sus sueños en realidad y optimismo con respecto a su capacidad de tener éxito, y fomenta un ambiente acogedor donde los tímidos recuperan la confianza, los mediocres ganan atractivo, los cohibidos expresan determinación y los inexpertos demuestran sus habilidades. Contagia su entusiasmo y visión positiva de la vida a toda la empresa, influyendo decisivamente en la actitud de sus empleados. Todas las personas que ocupan cargos directivos imitan a Mary Kay. La personalidad de su empresa es el auténtico reflejo de ésta dinámica mujer.

¿Qué significa todo esto para Mary Kay Cosmetics? Significa que todos los vendedores se sienten orgullosos de su empresa y se entregan con entusiasmo a su trabajo y lo hacen bien, aumentando sus ventas y también las de la empresa.

Todos intentamos imitar a personas que respetamos y complacer a las que admiramos. Pero uno debe ganarse estas recompensas, no puede exigirlas. Desgraciadamente, muchos trabajadores se enfrentan a jefes intransigentes, ariscos y degradantes cuya incapacidad de dirigir les hace adoptar un comportamiento que causa ansiedad y resentimiento a sus empleados. Esta actitud se recibe con resistencia, porque todo el mundo se rebela cuando se siente acosado, coaccionado o humillado. Normalmente, este trato inexcusable se responde con desinterés por el trabajo. Los empleados no se sienten orgullosos de la empresa ni le obsequian con su lealtad, y negatividad es el lema de la empresa. La competencia y tensión entre los empleados envenenan el ambiente de trabajo y también perjudica la relación con los clientes. El descenso de valores morales provoca la caída de la productividad, porque sólo el esfuerzo colectivo de todos los empleados y su motivación determinarán la cantidad y calidad de los productos y servicios de una empresa.

Sólo se puede conseguir lo mejor de las personas cuando están dispuestas a darlo. Un líder carismático puede crear y mantener este deseo en los demás. El carisma en la dirección de una empresa la conduce por el camino del éxito.

El futuro del carisma en el trabajo

Estamos en el umbral de una nueva era en que las oportunidades para los individuos carismáticos serán ilimitadas. Bien preparados para avanzar con seguridad hacia nuevos horizontes, tendrán la oportunidad de crecer y prosperar cuando acepten el reto de nuestra sociedad tecnológica, más compleja que nunca. Y estas personas podrán destacar sobre los demás en el mercado altamente competitivo del futuro sacando partido de sus hábitos de trabajo e increíble capacidad para ganarse a la gente.

Aunque siempre hemos respondido al calor y la atracción de las personas con carisma, ahora necesitamos ese trato más que nunca debido a la naturaleza fría e impersonal de la actual era de la alta tecnología. Cuanto más tiempo pasamos trabajando con insensibles ordenadores y hablando con máquinas que no pueden respondernos, más valoramos al individuo carismático que nos rescata de este pozo tecnológico y nos devuelve al reino de la vida, la experiencia, las emociones y el contacto humano. Todas las personas que posean esta capacidad de contrarrestar el nuevo mundo ocuparán un lugar muy especial en él.

PARTE 5

TU PROPIA

«MAGIA ESPECIAL»

CAPÍTULO 15

Tu Programa de Desarrollo del Carisma personal

Considera cada paso como un emocionante reto, cada logro como un éxito fundamental, cada día como un nuevo inicio y tus sueños se harán realidad ante tus ojos.

Si te emociona pensar que puedes tener carisma, ya estás en camino de poseerlo. ¿Pero cuántas veces has experimentado una sensación parecida y no has obtenido ningún resultado? Con frecuencia, tal vez después de leer libros de autoayuda o asistir a alguna conferencia, te has sentido muy seguro de ti mismo, convencido de que, esta vez, conseguirías lo que deseabas, sin embargo al día siguiente sólo te quedaban algunos restos de inquietud. Si te ha ocurrido algo similar, sabrás perfectamente que los sueños, el entusiasmo y una actitud positiva no son suficientes por sí solos. Los resultados se consiguen gracias a una combinación de deseo, fe, método y acción.

Si desarrollas o no tu carisma depende, en primer lugar, de tomar la firme decisión de hacer lo que sea necesario para conseguirlo. Hacer esto debe convertirse en un objetivo prioritario en la nueva vida que empieza ahora, y es esencial que la inicies inmediatamente. En la mayoría de los casos, las expresiones «luego», «mañana» y «cuando tenga más tiempo» se convierten en nunca. Dar el primer paso siempre es la parte más difícil de emprender una tarea o alcanzar un objetivo.

Si te abruma la idea de adquirir todas las habilidades necesarias para desarrollar el carisma, recuerda que los grandes objetivos se consiguen gracias a una serie de pequeños, constantes y previamente planeados actos. Cada clavo es importante para construir una casa y cada movimiento de la aguja es vital para confeccionar un vestido. Pero a diferencia de las casas inacabadas que no pueden habitarse y los vestidos inacabados que no pueden llevarse, el carisma puede disfrutarse desde el principio y después comprobar cómo van mejorando. A medida que uno lo va trabajando, se vuelve más natural, más efectivo y más duradero. No necesitas esperar a dominar todas la técnicas para experimentar el placer del carisma y obtener importantes éxitos. El infinito y continuo desarrollo del carisma no tiene ningún final predeterminado; no existe ningún momento en el que se haya alcanzado tan plenamente que ya no pueda mejorarse más. Para la mayoría de nosotros, la búsqueda del carisma se convierte en un valorado proceso de crecimiento personal que dura toda la vida y nos ofrece recompensas a lo largo de todo el camino.

CÓMO IMPLEMENTAR EL PROGRAMA DE DESARROLLO DEL CARISMA

En nuestro acelerado mundo de información instantánea, dietas de choque y relaciones de usar y tirar, tendemos a buscar respuestas fáciles y satisfacciones inmediatas. Pero el carisma no puede ingerirse en forma de píldora ni puede conseguirse con una varita mágica. Para alcanzar el carisma, debes desearlo con suficiente pasión como para realizar todo el esfuerzo que requiere. Aunque no suelen obtenerse éxitos inmediatos, con frecuencia pueden conseguirse notables resultados en un período de tiempo sorprendentemente breve (normalmente unas semanas o unos meses). Si piensas que estás demasiado ocupado para hacer lo necesario para desarrollar tu carisma o te parece demasiado complicado, tú mismo te estás condenando a no conseguirlo jamás.

Mira el calendario y el reloj ahora mismo. Graba la hora y la fecha en tu mente. Este momento marca el nacimiento de un nuevo tú y el inicio de la vida que tanto has deseado.

Da el primer paso en el camino de desarrollar tu potencial carismático seleccionando una creencia que bloquee tu carisma, un ejercicio para desarrollar tu carisma, un ejercicio para aumentarlo o un comportamiento para mantenerlo de la segunda parte de este libro, «Mejorar tu interior». Trabaja este ejercicio o creencia hasta que te sientas cómodo con la actitud, los sentimientos y el comportamiento deseados y se produzcan de forma natural. Para conseguirlo tal vez necesitarás unos pocos días o varias semanas. Después elige otra creencia o ejercicio y trabájalo. Por ejemplo:

Ejercicio Para Desarrollar El Carisma Nº 1

Escribe una lista de tus cualidades positivas y tus éxitos del pasado.

Léela tres veces al día como mínimo.

Escribe tu selección en estas líneas.

_____

_____

_____

A continuación, elige una categoría de la tercera parte de este libro, «Mejorar tu interior», ya sea mejorar la comunicación no verbal, voz o imagen física o técnicas de conversación. Después elige una técnica o ejercicio para cada categoría. Cuando ya los domines o los hayas completado, elige un nuevo ejercicio de la misma categoría. Repite el proceso hasta que hayas adquirido cierto nivel de experiencia en la categoría elegida. A continuación elige una nueva área y elige una técnica o ejercicio de la nueva categoría. Por ejemplo:

COMUNICACIÓN NO VERBAL

Escribe la categoría seleccionada:

_____

Escribe la técnica o ejercicio de esa categoría que hayas elegido:

_____

_____

En todo momento estarás trabajando un determinado aspecto para desarrollar tu interior y otro para desarrollar tu exterior. Al principio, elige temas y ejercicios que consideres que pueden beneficiarte pero que no sean demasiado difíciles o te causen ansiedad. Es recomendable tener la oportunidad de experimentar pequeños éxitos antes de intentar alcanzar otros objetivos mayores.

No caigas en la tentación de intentar hacer mucho en poco tiempo. Haciéndolo sólo conseguirás experimentar frustración e incluso puede provocar que abandones el programa. No caigas en la trampa de ser demasiado entusiasta. A muchas personas que intentan superarse muy deprisa les resulta demasiado difícil y abandonan el intento, justificándose diciendo que intentaron seguir el programa pero les resultaba imposible o era demasiado exigente. Cuando se sigue correctamente, el Programa de Desarrollo del Carisma funciona, de modo que ¡NO HAY EXCUSA QUE VALGA!

TU COMPROMISO PARA ALCANZAR EL ÉXITO

Los objetivos poco concretos raras veces suelen alcanzarse. Los deseos como ser más amable, sentirse mejor con uno mismo o mejorar las relaciones sociales son demasiado indefinidos para llevarlos a cabo. Para que puedan convertirse en realidad, los objetivos deben ser concretos, específicos y evaluables, así como describirse por escrito.

Algunos métodos y habilidades se aprenden mejor dividiéndolos en subgrupos y practicando un subgrupo diferente cada día o semana. Por ejemplo, si estás intentando aprender los mensajes de comunicación no verbal, el primer día puedes sonreír a cinco personas, el segundo día añadir una actitud abierta, el tercer día inclinarte hacia adelante, etc. Al llegar el sexto día, habrás incorporado a tu comportamiento las seis señales de comunicación verbal descritas en el capítulo octavo. Sería muy difícil ponerlas todas en práctica el primer día.

Los diferentes métodos de organización del esfuerzo personal para obtener los máximos beneficios del Programa de Desarrollo del Carisma demuestran la importancia de iniciar todas las semanas evaluando los progresos de la semana anterior y planificando nuevos objetivos diarios y anotándolos en un calendario para recordarlos con facilidad.

Supongamos por ejemplo que una semana decides poner en práctica el primer ejercicio para el desarrollo del carisma (Elabora una lista de tus cualidades positivas y éxitos del pasado. Léela tres veces al día como mínimo) y las técnicas de comunicación no verbal. Tu calendario podría ser el siguiente:

DOMINGO	LUNES	MARTES	MIÉRCOLES	JUEVES	VIERNES	SÁBADO
1 Evaluar progresos Hacer lista	2 Sonreír Leer lista S	3 Postura abierta Leer lista SP	4 Inclinarse Leer lista SPI	5 Tocar Leer lista SPIT	6 Contacto visual Leer lista SPITC	7 Asentir

A medida que vayas cumpliendo tus objetivos, prémiate con algo que te guste, como por ejemplo participar en una de tus actividades preferidas: jugar al golf, cenar en un restaurante especial, dar un paseo o simplemente darte un largo baño mientras escuchas música. Ponerte tu mejor pijama o perfume, pasar algún tiempo con un ser querido o comprar un disco o libro también son buenas recompensas. Alábate generosamente por todos los esfuerzos realizados, tanto si consideras que los resultados son positivos como si no. Los ganadores tienen la costumbre de felicitarse a sí mismos y sentirse orgullosos cuando alcanzan un objetivo, mientras que los perdedores suelen criticarse por no haberlo hecho mejor.

QUÉ ESPERAR CUANDO EMPIECES A CAMBIAR

Todos son sentimos especialmente bien cuando somos «nosotros mismos». Un nuevo comportamiento nos hace sentir como si no «fuéramos nosotros» y, en consecuencia, incómodos. El desconcierto es un sentimiento común cuando se experimenta un proceso de cambio, sin embargo provoca que muchas personas abandonen este proceso justamente cuando están a punto de conseguir resultados. Somos adictos a la imagen que tenemos de nosotros mismos y una parte de nosotros siempre intentará conservarla, incluso aunque sea destructiva. Perpetuamos esta imagen justificándola continuamente, y lo hacemos de dos formas diferentes. La primera es pensando y comportándonos de acuerdo con esta imagen. Esto significa que si consideras que eres tímido, cada vez que actúes tímidamente estarás reforzando ese sentimiento acerca de ti mismo. Sin embargo, si adoptas una actitud extrovertida y desenvuelta, empiezas a destruir la creencia de que eres una persona tímida. Con el tiempo, los sentimientos que no reciben apoyo desaparecen, la incomodidad pierde intensidad y acabas cambiando la opinión que tienes de ti mismo.

La segunda forma de mantener intacta la imagen que tenemos de nosotros mismos intacta es interpretar lo que vemos, oímos y hacemos de modo que concuerde con la opinión que tenemos. Si consideras que eres un mal estudiante de matemáticas, por ejemplo, y suspendes un examen, la nota reafirmará tu opinión original. Considerarás que es una nota justa y la mereces. Pero si sacas un sobresaliente, probablemente pensarás que «has tenido suerte» o que el examen era demasiado fácil, conservando así la imagen de mal estudiante de matemáticas que tienes de ti mismo.

Aceptamos y tendemos a recordar mensajes que reafirman la imagen que tenemos de nosotros mismos y descartamos los mensajes que la contradicen, normalmente restándoles importancia y olvidándolos rápidamente o ignorándolos. Por este motivo, cuando tenemos un mal concepto de nosotros mismos, desconfiamos de los cumplidos y consideramos que los insultos son acertados, y entonces pueden causar un dolor que perdure durante mucho tiempo.

Al principio, normalmente es necesario obligarte a aceptar mensajes que refuercen aspectos positivos de ti mismo. Intenta concentrarte en las respuestas positivas que «demuestren» que los demás te consideran simpático, eficiente, inteligente, atractivo e interesante. Recuerda estos mensajes positivos mientras sigas el Programa de Desarrollo del Carisma y, poco a poco, tu nuevo yo empezará a manifestarse.

Aunque con el tiempo tu nueva imagen ya se reforzará por sí misma, al principio existe una tendencia a recuperar los antiguos hábitos de relación y reacción porque, en cierto modo, nos hacen sentir más seguros. En el proceso de crecimiento emocional se avanzan dos pasos y se retrocede uno. Cada nuevo escalón será más alto que el anterior y cada desliz menos intenso y/o duradero que el anterior. No tengas miedo de que algo vaya mal. Déjate llevar por la corriente y la contracorriente, avanzando paso a paso. Recuerda siempre tu objetivo y los sueños que deseas convertir en realidad, y celebra cada logro, por muy pequeño que parezca.

Cuando experimentes la satisfacción de obtener resultados, estarás ansioso por seguir adelante y esforzarte más. Y cuando adquieras hábitos carismáticos, cada vez te resultará más sencillo conservarlos. Con el tiempo, serás capaz de utilizarlos y beneficiarte de ellos sin esfuerzo alguno.

CREE EN LA MAGIA

Ahora eres consciente de que tu pasado no dicta automáticamente tu presente ni tu futuro. Eres capaz de cambiar lo que te impide ser como deseas o te hace sentir insatisfecho o infeliz. Todos los días decides si quieres seguir siendo como has sido o quieres ser diferente. No importa cómo seas en este momento, puedes poseer «esa magia especial» decidiendo ahora mismo si quieres aprovecharla o dejarla escapar. Puedes vivir hasta los últimos días de tu vida en un mundo gris preguntándote eternamente: «¿Es eso todo lo que hay?», o puedes elegir experimentar la satisfacción de sentirte realmente vivo.

Espero de todo corazón que algún día no muy lejano experimentes tu carisma, que tú y todos los que te rodean veais su brillo en tus ojos y que, a partir de entonces, sientas que llena tu corazón, tu alma y tu vida con su fabulosa magia.

NOTA DE LA AUTORA

Me interesa mucho conocer los resultados que has conseguido siguiendo el Programa de Desarrollo del Carisma. No dudes en escribirme a la dirección indicada. Si tienes alguna pregunta, te ruego incluyas un sobre sellado con tu dirección. Las solicitudes de información sobre mis futuros libros y conferencias también serán bien recibidas. Si te gustaría asistir a uno de mis seminarios sobre el carisma sin abandonar la comodidad de tu propia casa o coche, puedes hacerlo solicitando la grabación en directo de una de mis conferencias en la universidad en cintas de audio de tres horas de duración. ¡Anímate a probarlo! La conferencia resulta muy agradable y divertida de escuchar. También es muy motivadora, informativa y un maravilloso complemento al material contenido en este libro. Envía 25 dólares más 2 dólares por gastos de envío a la siguiente dirección:

Wilshire Book Company
12015 Sherman Road
North Hollywood, California 91605-3781

ÍNDICE

Prefacio 9

PARTE 1. EL SECRETO DEL CARISMA
1. De la pobreza a la riqueza espiritual 15
2. ¿Qué es el carisma? El secreto desvelado 29
3. Cómo despertar el poder carismático que
   hay dentro de ti: el Programa de Desarrollo
   del Carisma 43

PARTE 2. MEJORAR TU INTERIOR
4. Identificar las creencias que bloquean tu carisma 51
5. Desbloquear tu potencial carismático 67
6. Ejercitar tu carisma 79
7. Cómo adquirir y conservar un aura carismática 99

PARTE 3. MEJORAR TU EXTERIOR
8. Cómo enviar mensajes que atraigan
   a los demás de forma instantánea 121
9. Dominar el uso de mensajes 141
10. Los sonidos del carisma 153
11. Técnicas de conversación que fomentan
    el carisma 161
12. Cómo proyectar una imagen irresistible
    (incluso aunque no te consideres atractivo) 193

PARTE 4. CARISMA EN ACCIÓN
13. Cómo ser un vencedor en el amor: utilizar
    el carisma para hallar el amor y construir
    relaciones que funcionen 219
14. Cómo ser un vencedor en el trabajo:
    carisma, ventas,gerencia y éxito 239

PARTE 5. TU PROPIA «MAGIA ESPECIAL»
15. Tu Programa de Desarrollo del Carisma personal 267